Süßer
Vollwert-Genuss

Anne Bieback
Christiane Wolfram

Süßer Vollwert-Genuss

Pralinen, Kuchen und Desserts

Danke ...

... an unsere Familien und Freunde, die uns bei diesem Projekt so toll unterstützt haben.

ISBN 978-3-89189-232-9
1. Auflage 2024 emu Verlag; Lahnstein

Titelfoto und Fotos im Innenteil: Fotostudio Detlef Szech
Zeichnung: Susanne Retsch-Amschler
Gestaltung und Satz: Jürgen Ehrmann
Druck: Memminger MedienCentrum, Memmingen

Inhalt

Über die Autorinnen

Anne Bieback (rechts im Bild) lernte als Hobbyköchin in einem Ernährungsberatungskurs die vitalstoffreiche Vollwertkost kennen und spürte am eigenen Körper, wie die Ernährungsumstellung für mehr Vitalität und Lebensqualität sorgte. Sie ist ausgebildete Gesundheitsberaterin, gibt Kurse für gesunde Ernährung, hält Vorträge und bietet Einzelberatungen an. Anne Bieback lebt in Oeversee nahe der dänischen Grenze.

Christiane Wolfram liebte es schon als kleines Kind, in der Küche zu helfen. Als ihr Sohn an Neurodermitis erkrankte, stellte sie die Ernährung in ihrer Familie auf die Vitalstoffreiche Vollwertkost um, was nicht nur allen bestens schmeckte, sondern auch die Beschwerden ihres Sohnes verschwinden ließ. Seit 2001 gibt die ausgebildete Gesundheitsberaterin Kochkurse, bietet Einzelberatungen bei Ernährungsfragen an und hält Vorträge. Christiane Wolfram lebt in einem kleinen Dorf in Schleswig-Holstein zwischen Kappeln und Flensburg.

Ein paar Worte vorab

Liebe Leserinnen und Leser!

Können Sie süßen Leckereien nicht widerstehen, haben aber Bedenken, dass Süßes essen und Gesundheit nicht zusammenpassen?

Sie halten die Lösung in Ihren Händen, wie Sie mit natürlichen und vitalstoffreichen Lebensmitteln Kuchen, Torten, Desserts und weitere süße Köstlichkeiten zaubern, die Sie ohne schlechtes Gewissen genießen können.

Wir wünschen Ihnen viel Freude beim Lesen, Zubereiten und Genießen!

Christiane Wolfram und Anne Bieback
im Februar 2013

Süßer Genuss – aber natürlich

Süß geht auch ohne Zucker

Die Ernährung hat wesentlichen Anteil an unserer Gesundheit. Voraussetzung dafür ist ein intakter Stoffwechsel. Wie erreichen wir diesen? Indem wir naturbelassene Lebensmittel essen, die noch alle Vitalstoffe enthalten. Zu den Vitalstoffen gehören Vitamine, Mineralien, Spurenelemente, ungesättigte Fettsäuren, Enzyme, Aromastoffe und Faserstoffe, auch Ballaststoffe genannt.

Wenn wir Torten, Kuchen, Süßigkeiten und Süßspeisen auch aus naturbelassenen Lebensmitteln herstellen, dann können wir diese ohne Reue genießen! In diesem Buch bieten wir Ihnen Alternativen zu den herkömmlichen Leckereien, die Fabrikzucker, künstliche Fette und Auszugsmehle enthalten. Zu den Fabrikzuckerarten gehören zum Beispiel weißer Zucker, brauner Zucker, Ahornsirup, Agavendicksaft, Fruchtzucker, Traubenzucker, Vollrohrzucker, Rohrzucker, Apfel- und Birnendicksaft, Glukose, Milchzucker, Malzzucker (Maltodextrin), Melasse, alle Sirupsorten, Saccharose, Zuckercouleur, Ursüße und Gerstenmalz. Sie alle haben gemeinsam, dass es sich um isolierten Zucker handelt, der durch Raffination aus einem ursprünglich natürlichen Lebensmittel wie der Zuckerrübe oder dem Zuckerrohr gewonnen wird. Dieses Isolat, das in der Natur nicht vorkommt und sich negativ auf unseren Stoffwechsel auswirkt, nennen wir Fabrikzucker.

Grundsätzlich unterscheidet man zwischen zuckerhaltigen Lebensmitteln, etwa einem Apfel mit dem von Natur aus enthaltenen Fruchtzucker, und Produkten mit isoliertem Zucker, der durch Raffination aus einem ganzen Lebensmittel gewonnen wird.

Essen wir einen Apfel, nehmen wir zwar Fruchtzucker zu uns, aber zusätzlich nehmen wir mit dem Apfel auch alle Vitalstoffe auf, die unser Körper benötigt, um das Kohlenhydrat Fruchtzucker wieder abzubauen. Lebendige Lebensmittel bringen sozusagen ihr Entsorgungsprogramm gleich mit. Abgebaut werden die Kohlenhydrate zu Wasser und Kohlendioxid, das heißt, wir scheiden und atmen diese wieder aus. Essen wir hingegen das Isolat Zucker, wie es in herkömmlichen Leckereien enthalten ist, kann unser Organismus diese Kohlenhydrate nicht optimal abbauen. So entstehen Stoffwechselstörungen, die viele ernährungsbedingte Krankheiten verursachen (nach Dr. Max Otto Bruker):

- Gebissverfall (Zahnkaries, Parodontose, Zahnfehlstellungen)
- Erkrankungen des Bewegungsapparates (die sogenannten rheumatischen Erkrankungen, Arthritis, Arthrose, Wirbelsäulen- und Bandscheibenschäden)
- Alle Stoffwechselkrankheiten (Übergewicht, Fettsucht, Diabetes, Leberschäden, Gallensteine, Nierensteine, Gicht und so weiter)
- Erkrankungen der Verdauungsorgane (Leber-, Gallenblasen-, Bauchspeicheldrüsen-, Darmerkrankungen, Verdauungsstörungen)
- Gefäßerkrankungen (Arteriosklerose, Herzinfarkt, Schlaganfall, Thrombosen)
- Mangelnde Infektabwehr, die sich unter anderem in häufigen Erkältungen, Nierenbecken- und Blasenentzündungen äußert
- Sogenannte Allergien (Neurodermitis, Hautausschläge)
- Manche organische Erkrankungen des Nervensystems, zum Beispiel Multiple Sklerose

Auch an der Krebsentstehung ist die Fehlernährung in erheblichem Maße beteiligt.

Wie Zucker schadet

ZUCKER ALS KALKRÄUBER

Dem Fabrikzucker fehlen alle Vitalstoffe, darunter auch der Mineralstoff Kalzium. Der Organismus benötigt Kalzium, um Fabrikzucker abzubauen.

Bei mangelnder Zufuhr dieses Mineralstoffs entsteht ein Kalkmangel, der sich schon früh in Form von Karies zeigt und unter anderem auch zu Osteoporose führen kann.

Das volle Korn

Auszugsmehl (Weißmehl) enthält weder Randschichten noch Getreidekeim. Aber gerade hierin stecken wertvolle Vitalstoffe, die für unsere Gesundheit unentbehrlich sind. Kein anderes Lebensmittel enthält auf so kleinem Raum so viel Vitamin B1 wie ein Getreidekeim. Im Keim stecken außerdem hochwertiges Eiweiß, Mineralstoffe und fettlösliche Vitamine. Die Randschichten sind reich an Eiweißen, Mineralstoffen und Ballaststoffen. Das Auszugsmehl, das nur aus dem Mehlkörper besteht, ist ein isoliertes Kohlenhydrat und führt genau wie Fabrikzucker zu den ernährungsbedingten Krankheiten.

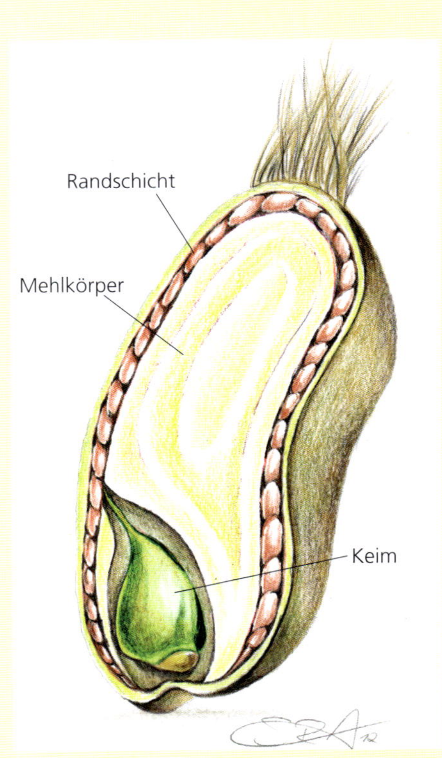

ZUCKER ALS VITAMIN-B-RÄUBER

Der Körper benötigt zum Abbau von Fabrikzucker vor allem auch Vitamine des B-Komplexes. Diese stehen dann nicht mehr für andere Stoffwechselvorgänge zur Verfügung. Essen Sie also lieber ganze Früchte – so werden die Vitamine zum Abbau des fruchteigenen Zuckers gleich mitgeliefert.

ZUCKER SCHWÄCHT DIE DARMFLORA

Durch Fabrikzucker wird das gesunde Verhältnis der Darmbakterien beeinträchtigt. Die Darmbakterien, die unseren Körper gesund erhalten, werden verdrängt. Eine gesunde Darmflora ist Voraussetzung für ein funktionierendes Immunsystem und einen gesunden Organismus.

ZUCKER FÖRDERT UNVERTRÄGLICHKEITEN

Fabrikzucker macht viele Lebensmittel unverträglich. Der Fabrikzucker allein wird vielleicht vertragen, erzeugt aber zum Beispiel in Kombination mit Vollgetreide oder rohem Obst und Gemüse Beschwerden wie Völlegefühl, Blähungen und Aufstoßen. Entgegen häufiger Vermutungen sind diese

Beschwerden nicht auf diese Lebensmittel zurückzuführen, sondern auf den Fabrikzucker in der übrigen Nahrung.

ZUCKER TREIBT DEN BLUTZUCKERSPIEGEL NACH OBEN

Um starke Schwankungen des Blutzuckerspiegels zu vermeiden, ist es wichtig, auf isolierte Kohlenhydrate zu verzichten. Denn ein schnell abfallender Blutzuckerspiegel führt zu Müdigkeit, während natürliche Lebensmittel nicht so starke Schwankungen verursachen und uns dauerhaft leistungsfähig erhalten. Langfristig begünstigt zu viel Zucker auch die Entstehung von Diabetes.

ZUCKER ERHÖHT DAS RISIKO FÜR ARTERIOSKLEROSE

Ein hoher Fabrikzuckerkonsum kann zu Ablagerungen an den Innenwänden der Blutgefäße führen: Die sogenannte Arteriosklerose entsteht. Damit verbunden sind Folgeerkrankungen von Bluthochdruck bis hin zum Herzinfarkt und Schlaganfall.

ZUCKER MACHT SÜCHTIG

Ein starkes Verlangen nach Süßigkeiten ist ein Hinweis darauf, dass dem Körper Vitalstoffe fehlen, vor allem Vitamin B1.

Dieses Suchtgefühl geht vorbei, wenn Sie frisches Obst, Gemüse und Vollkornprodukte essen.

Lassen Sie Fabrikzucker und Auszugsmehl links liegen und bereiten Sie Ihre Leckereien ohne Fabrikzucker zu.

Die süße Alternative

Das einzige nicht fabrikatorisch hergestellte Süßungsmittel ist der Honig. Echter Bienenhonig wird weder im Bienenstock noch bei der Verarbeitung über 37 Grad erhitzt. Dadurch bleiben alle wertvollen Inhaltsstoffe voll erhalten.

Echter Bienenhonig ist somit kein Isolat, sondern ein Lebensmittel. Wird der Honig zum Beispiel als Backzutat erhitzt, verliert er zwar einige seiner Vitamine, die Mineralstoffe bleiben aber erhalten. In Fabrikzucker sind von vornherein weder Vitamine noch Mineralstoffe oder andere Vitalstoffe enthalten.

Weitere gesunde Möglichkeiten zum Süßen von Speisen bieten Trockenfrüchte, süße Früchte und süße Mandeln.

Zucker und Honig – zwei Welten

Rübenzucker oder Rohrzucker = leeres Kohlenhydrat, sonst nichts

Haushaltszucker

Fruchtzucker (ca. 39 %)
Traubenzucker (ca. 31 %)
Wasser (ca. 17 %)
Mehrfachzucker (ca. 10 %)
Beistoffe (ca. 3 %): Fermente, Vitamine, Mineralien, Säuren, Aminosäuren, natürliche Hormone, Inhibine

Honig

Quellen

Dr. Max Otto Bruker: Unsere Nahrung, unser Schicksal. 45. Auflage. Lahnstein: emu-Verlag 2011.

Dr. Max Otto Bruker: Zucker, Zucker ... Krank durch Fabrikzucker. Lahnstein: emu-Verlag, 2011.

Wissenswertes

AGAR-AGAR

Pflanzliches Gelier- und Bindemittel aus Meeresalgen. Beim Einkauf darauf achten, dass keine Zusatzstoffe enthalten sind.

BACKPULVER

In der Vollwertküche wird Weinsteinbackpulver verwendet. Es kristallisiert auf natürliche Weise bei der Weinlagerung aus und enthält im Gegensatz zu konventionellem Backpulver keine Phosphate.

BIOPRODUKTE

Vollwert ist nicht gleich Bio. Auch mit Lebensmitteln aus nicht biologischem Anbau kann man sich vollwertig ernähren. Die Entscheidung für Bioprodukte ist unter anderem auch eine Entscheidung für weniger Schadstoffe in der Umwelt und einen schonenden Umgang mit natürlichen Ressourcen. Dazu trägt auch eine regionale und saisonale Ernährung bei. Achten Sie zum Beispiel darauf, möglichst diejenigen Früchte frisch zu verwenden, die gerade Saison haben.

BOURBON-VANILLE

Bourbon-Vanille besteht aus gemahlener Vanilleschote und enthält keinen Zucker. Sie ist unter der Bezeichnung „gemahlene Vanille“ in kleinen Gläsern zum Beispiel in Naturkostläden erhältlich. Vanillezucker wird in der vitalstoffreichen Vollwertkost nicht verwendet.

BUTTER

Sauerrahm- und Süßrahmbutter sind mild gesäuerter Butter vorzuziehen, da letzterer die Säurebakterien künstlich zugesetzt werden.

ERDNUSSMUS

Besteht ausschließlich aus gepressten Erdnüssen. Bitte nicht mit Erdnussbutter verwechseln. Diese enthält oft gehärtete Fette und wird in der Vollwertküche nicht verwendet.

FETTE

Für einen intakten Stoffwechsel benötigt unser Organismus natürliche Fette. Zu diesen zählen Butter, Sahne, kalt gepresste, nicht raffinierte Pflanzenöle, Nüsse, Mandeln und Saaten, zum Beispiel Sesam, Leinsaat und Sonnenblumenkerne, sowie der Getreidekeim.

Sie enthalten die fettlöslichen Vitamine A, D, E und K sowie ungesättigte Fettsäuren. Natürliche Fette sind nicht die Ursache für Übergewicht, sondern wichtige Bausubstanzen für unseren Körper. Natürliche Fette sind für einen intakten Stoffwechsel problemlos abbaubar. Fabrikfette wie Margarine haben mit Natur nichts mehr zu tun. Durch chemische Prozesse bei der Herstellung entstehen Fremdstoffe, die in der Natur gar nicht vorkommen, unter anderem Transfettsäuren.

GETREIDEMÜHLE

Sie haben noch keine Getreidemühle? Dann holen Sie sich Ihr Getreide frisch gemahlen aus dem Naturkostladen oder Reformhaus.

HAFERFLOCKEN

Hafer stets frisch flocken, da gekaufte Ware unter Dampfdruck (Hitze) haltbar gemacht wird. Ausnahme: Für Gerichte, die nicht erhitzt und die länger aufbewahrt werden sollen, eignet sich frisch geflockter Hafer nicht, da dieser unter Sauerstoffeinfluss bitter werden kann.

HEFE

Biofrischhefe ist chemisch unbelastet und ist konventioneller Hefe vorzuziehen. Sie enthält keine Zusätze wie

Phosphate, Schwefelsäure, Natronlauge, synthetische Vitamine und Entschäumer.

HONIG

In der Vollwertküche eignet sich am besten der Akazienhonig, da er relativ geschmacksneutral ist. Außerdem lässt er sich aufgrund seiner flüssigen Konsistenz sehr gut verarbeiten. Beim Kochen und Backen ersetzt man 100 g Haushaltszucker durch 70 g Honig. Bei gekochten Süßspeisen, die fest werden sollen (zum Beispiel Pudding), ist darauf zu achten, dass der Honig immer mit der Flüssigkeit aufgekocht wird, da sonst die Enzyme des Honigs die Stärke zerstören und die Speise wieder flüssig wird. Durch das Kochen werden zwar die Enzyme zerstört, aber die Speise bleibt fest.

JOHANNISBROTKERNMEHL

Johannisbrotkernmehl wird aus dem gemahlenen Samen des Johannisbrotbaums gewonnen. Es dient als pflanzliches geschmacksneutrales Bindemittel.

KAKAO

Schwach entölter Kakao ist wertvoller, da er weniger verarbeitet ist als stark entölter Kakao.

NÜSSE UND MANDELN

Verwenden Sie möglichst frische Nüsse und Mandeln, das heißt schälen beziehungsweise knacken Sie diese selbst. Bereits verzehrfertige Ware ist oft haltbar gemacht und gegen Schimmelbefall behandelt.

NUSSMUS/MANDELMUS

Es gibt verschiedene Varianten ohne Zusatzstoffe.

ÖLE

Greifen Sie zu kalt gepressten und unraffinierten Ölen. Verwenden Sie nur Öle, deren Ausgangsstoffe Sie auch so essen könnten. Öle aus anderen Ausgangsstoffen werden oft erst durch spezielle Zucht oder Fabrikationsprozesse genießbar.

ORANGEAT- UND ZITRONATHONIG

Dieser aromatische Honig lässt sich leicht aus der Schale unbehandelter Orangen beziehungsweise Zitronen und Akazienhonig herstellen. Dazu die Fruchtschalen mit einem Sparschäler oder Kartoffelschälmesser schälen, dabei darf ruhig auch ein Teil der weißen Haut mit abgeschält werden. Die Schalenstreifen zwischen Küchenkrepp 24 Stunden bei Zimmertemperatur antrocknen lassen. Anschließend in feine Streifen und dann in sehr feine Würfel schneiden. Sterile Gläser zu einem Viertel mit den Schalenwürfeln füllen. Honig darübergießen, bis die Gläser zu drei Vierteln gefüllt sind. Keinen Schraubdeckel auflegen, sondern ein Küchen-

krepp über das Glas geben und mit einem Gummiband verschließen. Die Gläser zwei bis drei Wochen trocken und dunkel stehen lassen, bis alle Feuchte aus den Schalen heraus ist. Anschließend kann das Küchenkrepp entfernt und ein Schraubdeckel lose auf das Glas gelegt werden. Das Orangeat und Zitronat sind jetzt gebrauchsfertig. Haltbarkeit bei trockener und kühler Aufbewahrung bis zur nächsten Orangenernte.

ORANGEN- UND ZITRONENSCHALEN TROCKNEN

Früchte mit einem Sparschäler ohne die weiße Haut dünn abschälen. Die Schalen zwischen Küchenkrepp bei Zimmertemperatur mehrere Wochen ganz durchtrocknen lassen, bis sie sich krachend durchbrechen lassen. Anschließend in einer kleinen Küchenmaschine oder elektrischen Kaffeemühle fein mahlen und in Schraubgläser füllen. Trocken und dunkel aufbewahren.

SAHNE

Achten Sie beim Kauf darauf, dass die Sahne keine Zusatzstoffe wie den Lebensmittelzusatzstoff Carrageen (E407) enthält.

SALZ

Verwenden Sie Salz ohne Jodzusätze, Fluor und Rieselhilfen. Gut geeignet sind Meer- und Steinsalz.

TROCKENFRÜCHTE

Achten Sie beim Einkauf darauf, dass die Trockenfrüchte ungeschwefelt sind.

VOLLKORN, ECHTES

Der Begriff „Vollkorn" ist nicht geschützt. Echtes Vollkorn enthält alle Randschichten, den ölhaltigen Getreidekeim und den stärkehaltigen Mehlkörper. Dadurch ist das Vollkorn unverletzt und somit voll keimfähig. Nur keimfähiges Getreide enthält noch Vitamin B1. Dieses wird unter anderem für den Kohlenhydratabbau benötigt. Gemahlenes Getreide nicht lange lagern, da es durch Kontakt mit Sauerstoff schnell an Vitalstoffen verliert. Vollkornmehle können unterschiedlich beschaffen sein, sodass die richtige Flüssigkeitsmenge für einen Hefeteig variieren kann. Geben Sie deshalb bei Hefeteigen die Flüssigkeit nach und nach in den Teig.

ZITRONENSAFT

Saft aus frisch gepresster Frucht.

Zur Verwendung dieses Buches

TIEREIWEISSFREIE REZEPTE

Tiereiweiß in der Nahrung kann einige ernährungsbedingte Krankheiten wie zum Beispiel Allergien oder Hautausschläge auslösen. Rezepte, die frei von tierischem Eiweiß sind, haben in diesem Buch eine zusätzliche Kennzeichnung, sodass Sie, wenn Sie sich **tiereiweißfrei** ernähren möchten, auf den ersten Blick die passenden Rezepte finden. Nahrungsmittel mit tierischem Eiweiß sind Fisch, Fleisch, Wurst, Käse, Milch, Quark, Mascarpone, Joghurt und Eier. Bei Butter, Sahne, Crème fraîche, Schmand und saurer Sahne ist der Fettgehalt so hoch, dass der Eiweißanteil entsprechend sehr gering ist. Deshalb können diese Nahrungsmittel verzehrt werden.

BACKOFENTEMPERATUR

Grundsätzlich ist bei den angegebenen Temperaturen die Einstellung Ober-/Unterhitze gemeint. Für die Betriebsart Heißluft sowie für Gasherde gelten andere Einstellungen, die Sie ebenso wie die Wahl der richtigen Backofenschiene der Bedienungsanleitung Ihres Ofens entnehmen können.

ABKÜRZUNGEN

EL = Esslöffel
g = Gramm
l = Liter
ml = Milliliter
Pck. = Päckchen
TL = Teelöffel

Torten und Kuchen

Bienenstich mit Panna-Cotta-Creme

Zutaten (ergibt 12 Stücke)

Für den Belag:
100 g Butter
100 g Honig
75 g Mandeln, gehobelt
50 g Mandeln, gehackt
2 EL Sahne
½ TL Vanille, gemahlen

Für den Teig:
125 g Butter
100 g Honig
2 Eier
250 g Dinkel oder
Weizen, fein gemahlen
1 TL Backpulver
1 Prise Salz

Für die Füllung:
500 g Sahne
½ TL Vanille, gemahlen
½ TL Kardamom, gemahlen
¼ TL Zimt, gemahlen
2 EL Honig
1 TL Agar-Agar

Zubereitung

Für den Belag die Butter mit dem Honig schmelzen lassen. Mandeln, Sahne und Vanille unterrühren und alles kurz aufkochen lassen.

Für den Teig die Butter mit dem Honig gut schaumig schlagen. Die Eier einzeln unterrühren. Das Mehl mit Backpulver und Salz mischen und unter den Teig mengen. Den Teig in eine gefettete Springform geben. Darauf den abgekühlten Belag verteilen und im vorgeheizten Ofen bei 190 Grad Ober- und Unterhitze auf der zweiten Schiene von unten circa 20 Minuten backen. Den Kuchen nach einigen Minuten aus der Form lösen und einige Stunden auskühlen lassen.

Für die Füllung von der Sahne 4 Esslöffel abnehmen und in einer Tasse für später beiseitestellen. Übrige Sahne mit Vanille, Kardamom, Zimt und Honig 2 bis 3 Minuten bei geringer Hitze unter Rühren köcheln lassen.

Agar-Agar mit der beiseitegestellten kalten Sahne verrühren, in die heiße Sahne einrühren, 2 Minuten unter Rühren kochen lassen und beiseitestellen. Den Bienenstich im unteren Drittel vorsichtig quer durchschneiden und den Boden in die Springform setzen. Den Ring um die Form schließen und die etwas abgekühlte Füllung hineingießen. Die Form circa 1 Stunde stehen lassen, bis die Panna-Cotta-Creme leicht fest ist.

Dann den Bienenstichdeckel auf die Füllung legen, den Kuchen in der Form kühl stellen und circa einen Tag durchziehen lassen.

Tipp

Dessert „Panna Cotta"
Die Creme wie im Rezept beschrieben zubereiten. Nach dem Kochen in kleine, kalt ausgespülte Wassergläser oder Espressotassen füllen und für mehrere Stunden in den Kühlschrank stellen. Vor dem Servieren die Creme vorsichtig mit einem Kartoffelschälmesser vom Gefäßrand lösen und auf Dessertteller stürzen. Dazu zum Beispiel den Fruchtaufstrich von Seite 92 servieren.

Gewürztorte

Zutaten (ergibt 12 Stücke)

30 ganze Mandeln
4 Eier
180 g Sonnenblumenöl
200 g Honig
80 g feine Haferflocken
200 g Weizen, fein gemahlen
1 TL Natron
1 TL Backpulver
1 Prise Salz
80 g Mandeln, gehackt
1 TL Zimt, gemahlen
1 TL Nelken, gemahlen
200 g Äpfel

Zubereitung

Die Mandeln längs halbieren. Den Backofen auf 175 Grad vorheizen.

Die Eier mit Sonnenblumenöl und Honig schaumig schlagen. Haferflocken, Weizen, Natron, Backpulver, Salz, Mandeln, Zimt und Nelken mischen und über den Eischaum geben. Die Äpfel mit Schale fein reiben und ebenfalls dazugeben.

Alles gut vermengen, in eine gefettete Springform füllen und mit den Mandelhälften (Schnittfläche nach oben) garnieren.

Auf der zweiten Schiene von unten 40 bis 50 Minuten backen.

Bratapfeltorte

tiereiweißfrei

Zutaten (ergibt 12 Stücke)

50 g Rosinen
2 EL Rum
300 g Weizen, fein gemahlen
150 g Honig
150 g Butter
2 TL Backpulver
8–10 säuerliche Äpfel
50 g Nüsse oder
Mandeln, gehackt
1 ½ TL Agar-Agar
½ TL Vanille, gemahlen
600 g Sahne
1 EL Honig

Zubereitung

Die Rosinen im Rum einweichen.

Weizen, Honig, Butter und Backpulver zu einem glatten Teig verkneten und 30 Minuten ruhen lassen.

Die Äpfel im Ganzen schälen und das Kerngehäuse ausstechen.

Den Teig in eine gefettete Springform (Durchmesser 26 Zentimeter) geben und mit den Händen flach drücken. Dabei einen Rand von circa 7 Zentimeter hochziehen. Die Äpfel in die Form stellen und mit den eingeweichten Rosinen und gehackten Mandeln füllen.

Agar-Agar mit Vanille und 200 Gramm Sahne glatt rühren. Die restlichen 400 Gramm Sahne mit dem Honig zum Kochen bringen, das angerührte Agar-Agar einrühren und 5 Minuten unter Rühren kochen lassen. Diese Masse über die Äpfel geben.

Im vorgeheizten Ofen bei 180 Grad circa 1 Stunde backen. Die Torte in der Form auskühlen lassen.

Kiwitorte

Tipp

Für diese Torte eignen sich auch viele andere rohe Früchte wie zum Beispiel Rhabarber, Stachelbeeren, Johannisbeeren, Pflaumen oder Äpfel. Im Winter können auch Tiefkühlfrüchte verwendet werden, die unaufgetaut auf dem Teig verteilt werden.

tiereiweißfrei

Zutaten (ergibt 12 Stücke)

Für den Teig:
6 Kiwis
150 g Butter
150 g Honig
75 g Crème fraîche
75 g Sahne
170 g Dinkel, fein gemahlen
75 g Buchweizen, fein gemahlen
1 ½ TL Backpulver

Für den Belag:
200 g Sahne
1 EL Honig
½ TL Zimt, gemahlen
200 g Schmand oder
Crème fraîche

Zum Garnieren:
1 Kiwi
3 EL Mandelblättchen

Zubereitung

Den Backofen auf 180 Grad vorheizen.

Die sechs Kiwis schälen und in Würfel schneiden.

Für den Teig Butter mit Honig schaumig rühren. Crème fraîche und Sahne hinzufügen. Dinkel- und Buchweizenmehl mit Backpulver mischen und vorsichtig unter den Teig mengen. Den Teig in eine gefettete Springform streichen und mit den Kiwiwürfeln belegen. Auf der zweiten Schiene von unten circa 40 Minuten backen.

Den Springformrand entfernen und den Tortenboden auf einem Rost erkalten lassen.

Für den Belag die Sahne fast steif schlagen. Honig und Zimt zugeben und die Masse gut steif schlagen. Schmand oder Crème fraîche vorsichtig unterheben. Die Masse gleichmäßig auf dem Boden verteilen.

Die Kiwi zum Garnieren schälen, in Scheiben schneiden und auf die Sahneschicht legen.

Die Mandelblättchen in einer fettfreien Pfanne leicht anbräunen und überstreuen.

Orangentorte

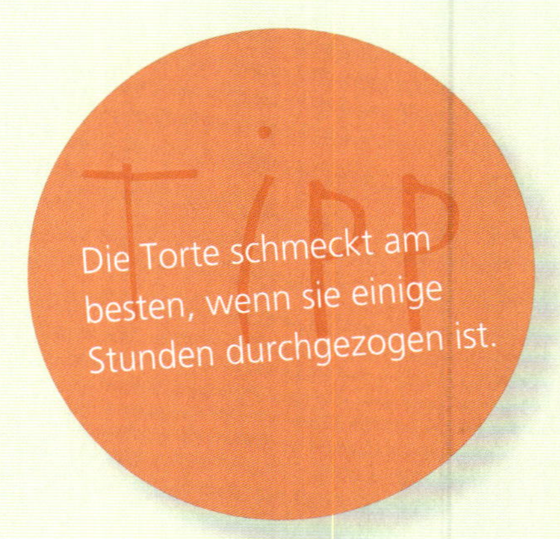

Zutaten (ergibt 12 Stücke)

Für den Teig:
Butter zum Fetten der Formen
20 g Mandeln, gehackt
4 kleine Eier
8 EL warmes Wasser
6 EL Honig
1 EL Zitronensaft
1 Prise Salz
100 ml warmes Wasser
125 g Weizen, sehr fein gemahlen
125 g Dinkel, sehr fein gemahlen
1 TL Backpulver

Für die Füllung:
3 Orangen
400 g Sahne
1 TL Johannisbrotkernmehl
5 EL Orangensaft
1 EL Zitronensaft, frisch gepresst
30 g Honig
200 g Schmand
3 TL Orangenschale, getrocknet und gemahlen (siehe Seite 15) oder 2 TL, frisch abgerieben

Zubereitung

Für den Teig den Boden zweier Springformen mit Butterbrotpapier auslegen, mit Butter fetten und mit Mandeln bestreuen. Den Backofen auf 180 Grad (Heißluft) vorheizen. Die Eier trennen. Eiweiß mit 8 Esslöffeln Wasser steif schlagen. Eigelb mit Honig, Zitronensaft, Salz und 100 Millilitern Wasser mindestens 5 Minuten schaumig rühren. Die Mehlsorten mit dem Backpulver mischen und auf die Eigelbmasse geben. Darüber den Eischnee verteilen und alles mit einem Schneebesen vorsichtig unterheben. Nicht rühren!

Den Teig in die vorbereiteten Formen füllen und 12 bis 14 Minuten backen. Den Tortenboden mit einem Messer vom Rand der Form lösen und die Böden auf einen Rost stürzen. Das Butterbrotpapier mit einem Schwamm leicht anfeuchten und abziehen. Die Böden auskühlen lassen.

Für die Füllung zwei Orangen schälen, filetieren, in kleine Stücke schneiden und auf den ersten Boden geben. Die dritte Orange auspressen. Das Fruchtfleisch ebenfalls auf den Boden geben.

Die Sahne mit Johannisbrotkernmehl fast steif schlagen. Orangen- und Zitronensaft sowie Honig zugeben und rühren, bis die Sahne ganz steif ist. Schmand vorsichtig untermengen. Die Hälfte der Füllung auf den Orangenstückchen verteilen und mit der Hälfte der abgeriebenen Orangenschale bestreuen. Den zweiten Boden auflegen und die Torte mit der restlichen Füllung umhüllen. Mit dem Rest der abgeriebenen Orangenschale bestreuen.

Honig-Mohn-Küsschen

tiereiweißfrei

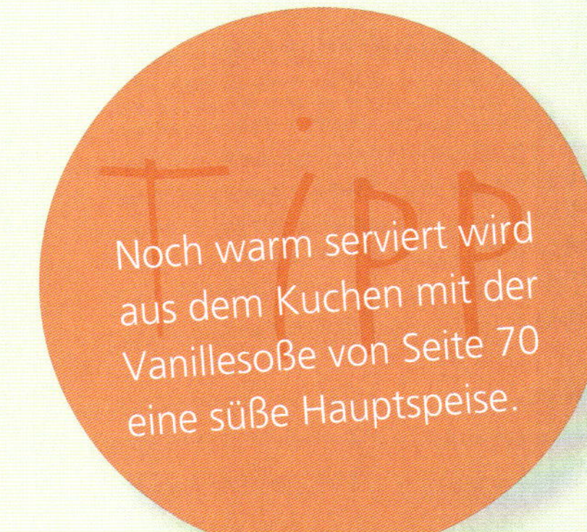

Zutaten (ergibt 12 Stücke)

Für den Teig:
250 g Dinkel oder Weizen, sehr fein gemahlen
½ Würfel Hefe
100 ml Sahne-Wasser-Gemisch (50 : 50)
45 g Butter
60 g Honig
abgeriebene Schale von ½ Zitrone
1 Msp. Salz

Für die Mohnfüllung:
4 TL Dinkel, sehr fein gemahlen
4–5 EL kaltes Wasser
100 g Mohn
200 ml Sahne-Wasser-Gemisch (50 : 50)
80 g Honig
½ TL Vanille, gemahlen
½ säuerlicher Apfel (ca. 100 g)

2 EL Sahne
1 TL Honig

Zubereitung

Alle Teigzutaten zu einem geschmeidigen Teig verarbeiten. Die Teigschüssel mit einem Geschirrtuch abdecken. Den Teig an einem warmen Ort (etwa 25 Grad) 1 Stunde ruhen lassen.

Für die Mohnfüllung das Dinkelmehl mit kaltem Wasser anrühren und beiseitestellen. Den Mohn in einer Küchenmaschine oder elektrischen Kaffeemühle fein mahlen.

Das Sahne-Wasser-Gemisch aufkochen, den gemahlenen Mohn, Honig und Vanille zugeben. Das angerührte Dinkelmehl einrühren und die Masse 2 bis 3 Minuten köcheln lassen.

Den Apfel reiben, den Topf vom Herd nehmen, geriebenen Apfel unterrühren und die Masse auskühlen lassen.

Den Teig auf einer gut bemehlten Arbeitsfläche zu einem Rechteck von etwa 30 x 40 Zentimetern ausrollen, gleichmäßig mit der Mohnmasse bestreichen und von der Längsseite her aufrollen. Den Backofen auf 180 Grad vorheizen.

Die Teigrolle in 16 Scheiben schneiden und die Teigstücke mit einer Schnittfläche in eine gefettete Spring- oder Quicheform legen. Sahne und Honig verrühren und die Teigstücke damit bepinseln. Die Honig-Mohn-Küsschen auf der mittleren Schiene im Ofen 30 bis 35 Minuten backen.

Aprikosen-Quark-Kuchen

Zutaten (ergibt 12 Stücke)

Für den Teig:
200 g Weizen, sehr fein gemahlen
100 g Butter
40 g Honig
50 g Wasser
1 Prise Salz

Für die Quarkfüllung:
40 g Hartweizen, fein gemahlen
500 g Sahnequark
150 g Sahne
80 g Honig
abgeriebene Schale von 1 Zitrone
1 Prise Salz
8–10 Aprikosen

Zubereitung

Das Weizenmehl mit Butter, Honig, Wasser und Salz verkneten. Den Teig kühl stellen. Für die Füllung den Hartweizen mit Quark, Sahne, Honig, Zitronenschale und Salz verrühren. Den Backofen auf 200 Grad vorheizen.

Die Aprikosen vorsichtig waschen und trocken tupfen. Die Früchte mit einem Messer der Länge nach rundherum bis zum Kern einschneiden, die Fruchthälften gegeneinanderdrehen und den Kern entfernen. Die Fruchthälften noch einmal längs durchschneiden, sodass Viertel entstehen.

Den Teig in eine gefettete Springform (Durchmesser 26 bis 28 Zentimeter) geben und mit den Händen flach drücken. Dabei etwa 2 cm Rand hochziehen. Teig mehrmals mit einer Gabel einstechen und 5 bis 6 Minuten auf der zweiten Schiene von unten vorbacken. Anschließend die Quarkmasse einfüllen und die Aprikosenviertel mit der gewölbten Seite nach oben in den Teig setzen.

Den Kuchen auf der mittleren Schiene circa 45 Minuten backen. Nach dem Backen 5 Minuten abkühlen lassen, dann vorsichtig den Springformrand entfernen und den Kuchen ganz auskühlen lassen.

Tipps

Schneiden Sie gegebenenfalls restliche Aprikosen in feine Würfel und rühren Sie sie unter die Quarkmasse.

Der Aprikosen-Quark-Kuchen lässt sich prima vorbereiten und hält sich gut gekühlt tagelang frisch.

Tipp
Der Kuchen lässt sich gut in Stücken einfrieren. Bei Bedarf tiefgekühlt auf ein Backblech legen, gut mit Wasser besprühen und ca. 5 Minuten bei 170 Grad aufbacken.

Butterkuchen

tiereiweißfrei

Zutaten (ergibt 12 Stücke)

Für den Teig:
500 g Weizen, fein gemahlen
1 Würfel Hefe
125 ml lauwarmes Wasser
125 g Sahne
2 EL Crème fraîche
50 g Butter
80 g Honig

Für den Belag:
100 g Butter
100 g Mandelblätter
4 EL Honig
evtl. etwas Zimt, gemahlen

200 g Sahne

Zubereitung

Das Mehl in eine Schüssel geben, eine Vertiefung hineindrücken und die Hefe hineinbröckeln. Die Hefe mit dem lauwarmen Wasser gut verrühren, mit Mehl bestäuben und zugedeckt 15 Minuten gehen lassen.

Sahne, Crème fraîche, Butter und Honig zugeben und alles 10 Minuten gut kneten. 30 Minuten zugedeckt gehen lassen.

Den Teig auf ein gefettetes Backblech streichen, mit den Fingern Vertiefungen eindrücken und die Butter für den Belag in Flocken hineinsetzen. Mandelblätter, Honig und eventuell etwas Zimt gleichmäßig darüber verteilen.

Den Backofen auf 200 Grad vorheizen.

Den Kuchen nochmals 20 Minuten gehen lassen. Dann auf der zweiten Schiene von unten 10 bis 15 Minuten backen. Sofort nach dem Backen 200 Gramm Sahne gleichmäßig über den Kuchen gießen.

Zucchinikuchen

Zutaten (ergibt 10–12 Scheiben)

2 Eier
150 g Sonnenblumenöl
150 g Honig
120 g Zucchini, fein geraspelt
120 g Karotte, fein geraspelt
abgeriebene Schale von 1 Zitrone
300 g Weizen, fein gemahlen
1 Pck. Backpulver
1 TL Zimt, gemahlen
1 TL Kardamom, gemahlen
½ TL Vanille, gemahlen
50 g Haselnüsse, gehackt
50 g Walnüsse oder Pekannüsse, gehackt

Zubereitung

Den Backofen auf 180 Grad vorheizen.

Die Eier schaumig schlagen und mit Öl, Honig, Zucchini, Karotte und Zitronenschale verrühren.

Mehl mit Backpulver und Gewürzen mischen und mit den gehackten Nüssen unter die Eiermasse heben.

Eine Kastenform einfetten und den Teig einfüllen. Den Kuchen 40 bis 45 Minuten auf der zweiten Schiene von unten backen.

Nach dem Backen den Kuchen einige Minuten ruhen lassen. Dann aus der Form lösen und auf einem Kuchengitter auskühlen lassen.

Tipp

Gut verpackt hält sich der Zucchinikuchen im Kühlschrank mehrere Tage saftig frisch. Auch Einfrieren übersteht er ohne Einbuße.

Schwarzbrottorte

Tipp

Tortenboden mit Fruchtaufstrich bestreichen und darüber die Sahne verteilen. Für den Fruchtaufstrich 250 g Früchte nach Geschmack, Saft von ½ Limette, 100 g Honig und 5 gehäufte TL Reismehl in einem Kochtopf pürieren und 2 Minuten kochen lassen.

Zutaten (ergibt 12 Stücke)

Für den Teig:
4 Eier
130 g Honig
3 EL Wasser
abgeriebene Schale von ½ Zitrone
½ TL Zimt, gemahlen
¼ TL Nelken, gemahlen
50 g Mandeln, gemahlen
150 g Sauerteigbrot, gerieben
1 gehäufter EL Kakao
125 g Weizen oder Dinkel, fein gemahlen
2 gestrichene TL Backpulver
50 g Sahne

Für die Füllung:
400 g Sahne
1–2 EL Honig
½ TL Vanille, gemahlen

Zubereitung

Den Backofen auf 180 Grad vorheizen.

Für den Teig die Eier trennen. Das Eiweiß steif schlagen und beiseitestellen. Die Eigelbe mit Honig und Wasser schaumig schlagen. Zitronenschale, Zimt, Nelken, Mandeln, Brot und Kakao unterrühren. Das Mehl mit dem Backpulver mischen und mit der Sahne unter den Teig geben. Zum Schluss das Eiweiß unterheben.

Den Teig in eine nur am Boden gefettete Springform (26 Zentimeter) füllen und auf der zweiten Schiene von unten circa 25 Minuten backen. Nach dem Backen aus der Form nehmen und erkalten lassen.

Die Sahne für die Füllung fast steif schlagen. Honig und Vanille zugeben und schlagen, bis die Sahne ganz fest ist.

Die Torte einmal durchschneiden, mit drei Vierteln der Sahne füllen und mit der restlichen Sahne garnieren.

Schoko-Kirsch-Torte

tiereiweißfrei

Zutaten (ergibt 12 Stücke)

Für den Teig:
150 g Butter
150 g Honig
150 g Weizen, fein gemahlen
75 g Mandeln, mittelgrob gemahlen
2 TL Backpulver
1 TL Zimt
100 g Crème fraîche
100 g Apfel, mit der Schale gerieben
300 g frische oder tiefgekühlte entsteinte Kirschen

Für den Belag:
400 g Sahne
3 EL Honig
3 gehäufte EL Kakao
evtl. 12 frische Kirschen zum Garnieren

Zubereitung

Den Backofen auf 180 Grad vorheizen.

Für den Teig die Butter mit dem Honig schaumig schlagen. Mehl mit Mandeln, Backpulver und Zimt mischen. Das Gemisch abwechselnd mit Crème fraîche und geriebenem Apfel unter den Butter-Honig-Schaum rühren. Den Teig in eine gefettete Springform füllen und mit den frischen oder gefrorenen Kirschen belegen.

Die Torte 35 bis 45 Minuten auf der zweiten Schiene von unten backen, danach erkalten lassen.

Für den Belag die Sahne fast steif schlagen, Honig und Kakao zugeben und ganz steif schlagen. Die Schokosahne auf dem Tortenboden verteilen. Eventuell mit frischen Kirschen garnieren.

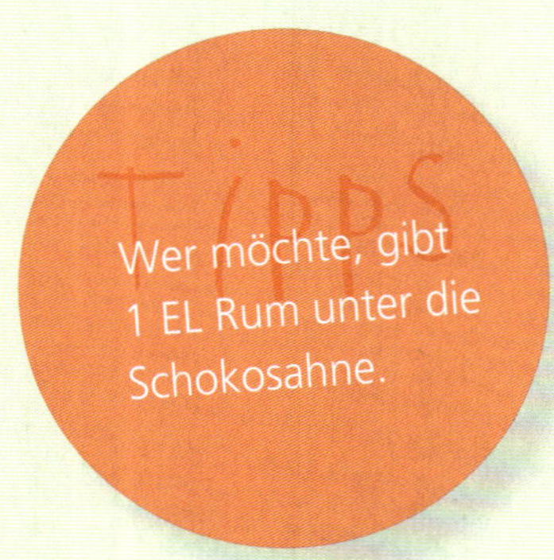

Rüblischnitten

tiereiweißfrei

Zutaten (ergibt 20 Stücke)

Für den Teig:
2 EL Hartweizen, fein gemahlen
150 g Dinkel, fein gemahlen
150 g Weizen, fein gemahlen
2 TL Backpulver
220 g Honig
100 g Sahne
50 g Schmand
300 g Möhren, fein gerieben
1 TL Zimt, gemahlen
150 ml Sonnenblumenöl
1 TL Natron
75 g Mandeln, gemahlen
75 g Haselnüsse, gemahlen

Für den Guss:
150 g Butter
40 g Kakao
50 g Honig
½ TL Vanille, gemahlen

Zubereitung

Den Backofen auf 200 Grad vorheizen.

Hartweizen-, Dinkel- und Weizenmehl mit dem Backpulver mischen. Honig mit Sahne und Schmand cremig rühren. Alle übrigen Teigzutaten untermengen. Den Teig auf ein gefettetes Backblech streichen und auf der mittleren Schiene circa 20 Minuten backen.

Den Kuchen erkalten lassen.

Für den Guss die Butter vorsichtig schmelzen und leicht abkühlen lassen. Kakao, Honig und Vanille dazugeben, gut verrühren und den Guss über den kalten Kuchen streichen.

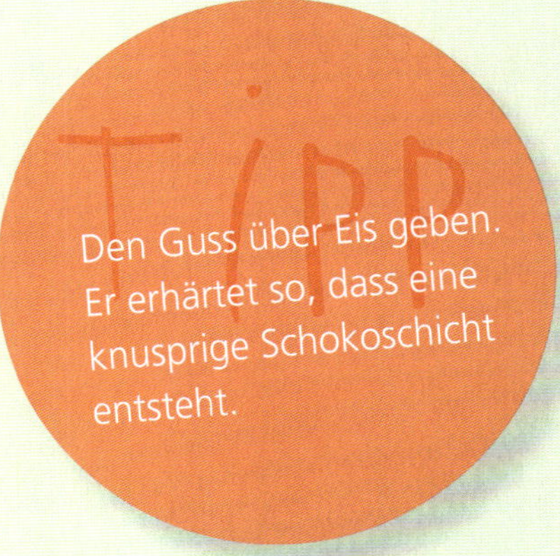

Kleingebäck und Plätzchen

Heidelbeermuffins mit Schmandguss

Zutaten (ergibt 12 Muffins)

Für die Muffins:
250 g Heidelbeeren
100 g Butter
2 Eier
200 g Schmand
100 g Honig
200 g Kamut oder Weizen, sehr fein gemahlen
2 gehäufte TL Backpulver

Für den Guss:
200 g Schmand
½ TL Vanille, gemahlen
1–2 TL Akazienhonig

Zubereitung

Den Backofen auf 180 Grad vorheizen.

Ein Muffinblech mit 12 Mulden mit Papierförmchen auslegen oder einfetten. Die Heidelbeeren verlesen, abbrausen und trocken tupfen.

Für den Teig die Butter langsam schmelzen. Die Eier mit Schmand, Honig und der geschmolzenen Butter verrühren. Mehl und Backpulver mischen und mit einem Kochlöffel zügig in den Teig einrühren. Zwei Drittel der Heidelbeeren vorsichtig untermengen. Den Teig in die Formen füllen und die Muffins im Ofen auf mittlerer Schiene circa 10 Minuten backen.

In der Zwischenzeit für den Guss Schmand, Vanille und Honig glatt rühren. Den Guss gleichmäßig auf den Muffins verteilen, die restlichen Beeren überstreuen und weitere 18 bis 20 Minuten backen.

Die fertigen Muffins kurz in der Form abkühlen lassen, dann aus der Form lösen und auf einem Kuchengitter auskühlen lassen.

Tipps
Kamut ist eine alte Weizensorte
mit einem herzhaften, leicht
nussigen Geschmack. Damit die
Muffins locker werden, ist es
wichtig, schnell zu arbeiten. Den
Teig nicht lange rühren, den Ofen
rechtzeitig vorheizen und alle
Zutaten gut vorbereiten und
bereitlegen.

Gefüllte Hörnchen

tiereiweißfrei

Zutaten (ergibt 12 Hörnchen)

Für den Teig:
500 g Weizen, fein gemahlen
1 Würfel Hefe
gut 250 ml Wasser-Sahne-Gemisch (50 : 50), lauwarm
50 g Butter
2 EL Honig

Für die Füllung:
300 g Mandeln, fein gemahlen
150 g Honig
3 EL Rosenwasser
3 EL Wasser
½ TL Vanille, gemahlen

Zubereitung

Das Mehl in eine Schüssel geben. In die Mitte eine Vertiefung drücken, die Hefe hineinbröckeln. Etwas Wasser-Sahne-Gemisch zufügen und die Hefe zu einem dicken Brei verrühren. Mit Mehl bestäuben und zugedeckt 15 Minuten gehen lassen.

Die restlichen Teigzutaten zum Vorteig geben und alles zu einem glatten Teig kneten. 30 Minuten zugedeckt gehen lassen. Inzwischen die Zutaten für die Füllung vermengen.

Den Teig in zwei Hälften teilen. Jede Hälfte zu einem Kreis von etwa 40 Zentimetern Durchmesser ausrollen und mit jeweils der Hälfte der Füllung bestreichen. Die Teigkreise mit einem Messer wie eine Torte in 12 Teile teilen, jedes „Tortenstück" vom äußeren Rand nach innen zusammenrollen und zu Hörnchen biegen.

Die Hörnchen auf zwei gefettete Backbleche legen und zugedeckt nochmals 10 Minuten gehen lassen. Inzwischen den Ofen auf 200 Grad vorheizen. Nach der Gehzeit die Hörnchen ca. 15 bis 20 Minuten auf der zweiten Schiene von unten backen. Die heißen Hörnchen sofort mit kaltem Wasser bestreichen oder besprühen.

Rosinen-Hefe-Schnecken

tiereiweißfrei

Tipp

Die Hefeschnecken lassen sich sehr gut einfrieren. Nach Bedarf einfach gefroren auf ein Backblech legen, gut mit Wasser besprühen und ca. 5 Minuten bei 170 Grad Heißluft aufbacken.

Zutaten (ergibt ca. 30 Schnecken)

Für den Teig:
500 g Weizen, fein gemahlen
50 g Buchweizen, fein gemahlen
1 Würfel Hefe
150 ml lauwarmes Wasser
3–4 EL Honig
50 g Butter
150 g Sahne

Für die Füllung:
150 g Butter
175 g Honig
150 g Haferflocken
100 g Mandeln, fein gemahlen
150 g Rosinen
1 ½ TL Zimt, gemahlen
250 ml Wasser
125 g Sahne

Zubereitung

Beide Mehlsorten in eine Schüssel geben. In die Mitte eine Vertiefung drücken, die Hefe hineinbröckeln. Die Hefe mit dem Wasser und etwas Mehl zu einem dicken Brei verrühren. Mit Mehl bestäuben und 15 Minuten zugedeckt ruhen lassen.

Für die Füllung die Butter mit dem Honig in einer großen Pfanne schmelzen. Haferflocken zugeben und alles erhitzen. Mandeln, Rosinen und Zimt zugeben und die Füllung circa 3 Minuten unter Rühren leicht rösten. Wasser und Sahne zugießen und so lange unter Rühren kochen lassen, bis eine glatte Masse entstanden ist. Abkühlen lassen.

Die restlichen Teigzutaten zum Vorteig geben und alles zu einem glatten Teig kneten. Eventuell noch etwas lauwarmes Wasser zufügen und dann 30 Minuten zugedeckt gehen lassen. Den Backofen auf 200 Grad vorheizen.

Nach der Teigruhe den Teig zu einem 40 x 60 Zentimeter großen Rechteck ausrollen, die Füllung darauf verteilen und die Platte von der schmalen Seite her aufrollen. Mit einem Sägemesser 1 Zentimeter dicke Scheiben abschneiden und mit Abstand auf zwei gefettete Backbleche legen. 10 Minuten abgedeckt ruhen lassen, dann die Schnecken auf der zweiten Schiene von unten 15 bis 20 Minuten backen.

Dattelkekse

Tipp

Emmer ist ein sehr eiweiß- und mineralstoffreiches Getreide. Vollkornbackwaren verleiht Emmer einen herzhaften, leicht nussigen Geschmack.

Zutaten (ergibt ca. 70 Stück)

150 g weiche Butter
150 g Honig
150 g Haselnüsse oder Mandeln (oder ein Gemisch)
200 g entsteinte Datteln, getrocknet
Saft und Schale von
1 unbehandelten Zitrone
2 EL brauner Rum
3 Eier
175 g Dinkel, sehr fein gemahlen
175 g Emmer, sehr fein gemahlen

Zubereitung

Butter und Honig schaumig schlagen. Haselnüsse und/oder Mandeln fein hacken, Datteln fein würfeln und beides zur Honigbutter geben. Zitronensaft und -schale mit dem Rum zum Teig geben. Die Eier nach und nach unterrühren. Dinkel und Emmer ebenfalls unterrühren. Den Teig 30 Minuten quellen lassen.

Den Backofen auf 200 Grad vorheizen. Backblech mit Backpapier auslegen. Mit zwei Teelöffeln kleine Teighäufchen auf das Blech setzen. Den Teig etwas flach drücken und nach Belieben mit Dattelstreifen und Nüssen garnieren. Die Kekse auf der zweiten Schiene von unten 20 bis 25 Minuten backen.

Knusprige Haferwaffeln

tiereiweißfrei

Zutaten (ergibt 8 Waffeln)

120 g Hafer, fein gemahlen
120 g Hartweizen, fein gemahlen
60 g Walnüsse, fein gehackt
60 g Butter, 80 g Honig
¼ TL Vanille, gemahlen
1 Prise Salz
200 g Schmand
1 TL Backpulver
200 g Sahne
120 ml Wasser

Zubereitung

Alle Zutaten miteinander verrühren. Den Teig mindestens 1 Stunde bei Zimmertemperatur ruhen lassen. Waffeleisen vorheizen und mit etwas Butter einpinseln. Je 2 Esslöffel Teig in das Waffeleisen geben und auf niedriger Stufe acht goldbraune Waffeln backen.

Die fertigen, noch weichen Waffeln vorsichtig mit einer Gabel im Waffeleisen aufrollen und auf einem Kuchengitter auskühlen lassen.

Übrig gebliebene Waffeln in einer beschichteten Pfanne ohne Fett aufbacken.

Schwarz-Weiß-Gebäck

tiereiweißfrei

Zutaten (ergibt ca. 60 Stück)

125 g Dinkel, fein gemahlen
125 g Weizen, fein gemahlen
150 g Butter
80 g Honig
1 Prise Salz
1 TL Vanille-Rum (ersatzweise
1 TL Rum und ½ TL Vanille,
fein gemahlen)
2 EL Kakao

Zubereitung

Alle Zutaten bis auf den Kakao gründlich verkneten. Den Teig in zwei Hälften teilen. In die eine Hälfte den Kakao kneten. Beide Teige 1 Stunde im Kühlschrank ruhen lassen.

Beide Teige in derselben Größe mit einem Nudelholz 2 bis 3 Millimeter dick zu einem Quadrat ausrollen. Dann beide Teigplatten übereinanderlegen und eng aufrollen. Die Rolle 2 Stunden in den Kühlschrank stellen.

Den Backofen auf 170 Grad (Heißluft) vorheizen. Die Teigrollen mit einem Sägemesser in ½ Zentimeter dünne Scheiben schneiden und auf ein gefettetes Backblech legen. Die Kekse circa 10 Minuten backen. Auf dem Blech auskühlen lassen.

Tipp

Um zu prüfen, ob Kleingebäck gar ist, beurteilt man am besten die Farbe der Plätzchenunterseite. Auch wenn die Plätzchen sich noch etwas weich anfühlen, können sie schon aus dem Ofen genommen werden, denn mit Honig gesüßtes Kleingebäck wird erst nach dem Erkalten fest.

Pastel de Nata

Portugiesische Vanillepuddingtörtchen

Zutaten (ergibt 12 Törtchen)

Für den Mürbeteig:
240 g Weizen, sehr fein gemahlen
120 g Butter
60 g Wasser
25 g Honig
etwas Butter für die Tarte- bzw. Muffinförmchen

Für die Vanillecreme:
250 g Sahne
250 ml Wasser
35 g Weizen, sehr fein gemahlen
20 g Butter
175 g Honig
1 Prise Salz
½ TL Vanille, gemahlen
1 Ei
5 Eigelb
Zimt, gemahlen

Zubereitung

Weizen sehr fein mahlen und mit Butter, Wasser und Honig zu einem Teig verkneten. Den Teig 20 Minuten ruhen lassen. Ein Muffinblech einfetten.

Den Teig in 12 Portionen einteilen und zwischen den Handflächen zu flachen Kreisen drücken. Je eine Teigportion in eine Mulde des Muffinblechs geben, Boden und Ränder gleichmäßig ausformen.

Für die Vanillecreme die Sahne mit dem Wasser in einen Topf geben. 8 Esslöffel von der Flüssigkeit abnehmen, das Weizenmehl damit verrühren und beiseitestellen.

Butter, Honig und Salz zur Flüssigkeit in den Topf geben und zum Kochen bringen. Das angerührte Weizenmehl kräftig mit einem Schneebesen in die Flüssigkeit einrühren. Die Masse 1 Minute aufkochen lassen, vom Herd nehmen und einige Minuten abkühlen lassen.

Den Backofen auf 230 Grad vorheizen.

Die Vanille, das ganze Ei und die Eigelbe in die Creme einrühren. Creme auf die Mürbeteigböden gießen und auf der mittleren Schiene 8 bis 10 Minuten backen. Dann weitere 1 bis 2 Minuten auf der obersten Schiene backen, sodass die Pasteten an der Oberseite golden bis goldbraun werden. Nach dem Backen mit etwas Zimt bestreuen. In der Muffinform lauwarm abkühlen lassen und anschließend vorsichtig aus der Form heben.

Ingwertaler

tiereiweißfrei

Zutaten (ergibt ca. 60 Stück)

125 g Dinkel, fein gemahlen
100 g Hartweizen, fein gemahlen
150 g Butter
evtl. 1 Ei
30–40 g Ingwer, ungeschält, frisch gerieben
70 g Honig
50 g Mandeln, fein gemahlen

Zubereitung

Alle Zutaten gründlich verkneten. 4 Teigrollen mit 3 bis 4 Zentimetern Durchmesser formen; mindestens 2 Stunden im Kühlschrank ruhen lassen.

Nun jede Teigrolle mit einem Sägemesser in ½ Zentimeter dünne Scheiben schneiden und auf ein gefettetes Backblech legen.

Den Backofen auf 170 Grad (Heißluft) vorheizen. Die Taler auf der mittleren Schiene circa 10 Minuten backen. Auf dem Blech auskühlen lassen.

Vanillestangen

tiereiweißfrei

Zutaten (ergibt ca. 80 Stück)

225 g Dinkel, fein gemahlen
200 g Butter
150 g Mandeln, fein gemahlen
100 g Honig
1 TL Vanille, gemahlen
1 Prise Salz

Zubereitung

Alle Zutaten mit den Knethaken des Handrührgeräts verkneten. Den Teig 1 Stunde in den Kühlschrank stellen.

Mit den Händen aus dem Teig circa 7 Zentimeter lange und 1 Zentimeter dicke Stangen formen und auf ein gefettetes Backblech legen.

Den Backofen auf 170 Grad (Heißluft) vorheizen. Die Vanillestangen auf der mittleren Schiene circa 10 Minuten backen.

Orangenschnitten

tiereiweißfrei

Zutaten (ergibt ca. 20 Stück)

Für den Mürbeteig:
200 g Dinkel, sehr fein gemahlen
120 g weiche Butter
50 g Honig
60 g Sahne
1 TL abgeriebene Orangenschale
1 Prise Salz
Streumehl zum Ausrollen

Für die Füllung:
100 ml Orangensaft, frisch gepresst
50 g Honig
2 EL Orangeat (siehe Seite 14)
½ TL Johannisbrotkernmehl
100 g Mandeln, gehackt

2 EL Sahne
1 TL Honig

Zubereitung

Alle Teigzutaten verkneten. Den Teig beiseitestellen und 30 Minuten bei Zimmertemperatur ruhen lassen.

Für die Füllung den Orangensaft mit Honig und Orangeat in einen kleinen Kochtopf geben. Das Johannisbrotkernmehl mit einem Schneebesen in die kalte Flüssigkeit einrühren und die Mischung aufkochen lassen. Die gehackten Mandeln unterrühren und den Topf vom Herd nehmen.

Den Teig in zwei Hälften teilen. Einen Teil auf Backpapier zu einer Platte von etwa 20 x 30 Zentimetern ausrollen. Die Orangen-Mandel-Masse auf dem Teig verteilen, circa 1 Zentimeter Rand rundherum frei lassen. Die zweite Teighälfte auf Backpapier mit Streumehl zur gleichen Größe ausrollen und auf die Füllung legen. Backpapierbogen vorsichtig abziehen.

Den Backofen auf 180 Grad vorheizen.

Den Honig mit der Sahne verrühren und die Teigoberfläche damit bepinseln. Die Orangenschnitten auf der mittleren Schiene etwa 30 Minuten backen. Den fertigen Kuchen noch warm mit einem scharfen Messer in circa 2 x 4 Zentimeter beziehungsweise beliebig große Stücke schneiden.

Flensburger Präsidentenlebkuchen

Tipp

Diese Lebkuchen bleiben saftig, weil der enthaltene Honig hygroskopisch wirkt. Bei Verwendung von Zuckerarten oder Sirup würden die Lebkuchen mit der Zeit trocken werden.

Zutaten (ergibt ca. 60 Stück)

300 g festkochende Kartoffeln
125 g Haselnüsse
125 g ganze Mandeln mit Schale
225 g Weizen-/Dinkelmischung
2 TL Backpulver
½ TL Zimt, gemahlen
¼ TL Nelken, gemahlen
¼ TL Kardamom, gemahlen
1 Prise Muskatnuss
½ TL Vanille, gemahlen
1 EL brauner Rum
1 EL Orangeat (siehe Seite 14)
3 Eier
250 g Wald- oder Akazienhonig
ganze Mandeln mit Schale zur Dekoration

Zubereitung

Die Kartoffeln schälen, gar kochen und auskühlen lassen. In der Zwischenzeit die Haselnüsse und die Mandeln fein mahlen und beiseitestellen.

Weizen und Dinkel sehr fein mahlen und in einer großen Schüssel mit Backpulver und den Gewürzen mischen. Die kalten Kartoffeln mit einer Gabel zerdrücken und mit den gemahlenen Haselnüssen, Mandeln, Rum und Orangeat zum Mehl geben.

Die Eier trennen. Eiweiß steif schlagen und beiseitestellen. Eigelbe mit dem Honig schaumig schlagen. Die Eigelb-Honig-Masse über die Mehlmischung gießen und alles mit den Rührbesen des Handrührgeräts verrühren. Zum Schluss den Eischnee vorsichtig mit einem Kochlöffel unter die Teigmasse heben.

Den Backofen auf 175 Grad vorheizen.

Ein Backblech mit Backpapier auslegen und mit feuchten Händen kleine Kugeln à 15 bis 20 Gramm rollen. Die Kugeln auf das Backpapier setzen, jeweils mit einer ganzen Mandel belegen und den Teig dabei etwas flach drücken.

Die Lebkuchen 16 bis 18 Minuten auf der mittleren Schiene backen. Anschließend auf einem Kuchengitter vollständig auskühlen lassen.

Mini-Windbeutel mit Avocado-Limetten-Füllung

Tipp

Wenn Sie die Creme als Dessert reichen möchten, lassen Sie das Johannisbrotkernmehl einfach weg.

Zutaten (ergibt ca. 25 Windbeutel)

Für den Teig:
2 EL Butter
250 ml Wasser
1 Prise Salz
125 g Weizen, sehr fein gemahlen
2 Eier

Für die Füllung:
3 Limetten
2 große Avocados, schön reif
60–80 g Honig
1 gehäufter TL Johannisbrotkernmehl
100 g Sahne

Zubereitung

Die Butter mit dem Wasser und dem Salz in einem mittelgroßen Topf aufkochen.

Den Weizen sehr fein mahlen, zur Flüssigkeit geben und mit einem Kochöffel so lange umrühren, bis sich der Teig als Kloß vom Topfboden löst. Den Topf vom Herd nehmen und 5 Minuten abkühlen lassen. Wenn die Masse etwas abgekühlt ist, die Eier einzeln unterrühren. Den Backofen auf 200 Grad vorheizen.

Den Teig in einen Spritzbeutel mit Sterntülle füllen und 25 Teigportionen auf ein mit Backpapier ausgelegtes Backblech spritzen. Die Windbeutel auf der mittleren Schiene circa 25 Minuten backen. Noch heiß mit einer Schere waagerecht durchschneiden.

Für die Füllung die Limetten auspressen. Die Avocados schälen, halbieren, entsteinen und mit dem Limettensaft, Honig und Johannisbrotkernmehl pürieren.

Die Sahne steif schlagen und vorsichtig unter die Avocadocreme heben. Die ausgekühlten Windbeutel mit der Creme füllen.

Tipp: Übrig bleibende Creme in Gläser füllen und als Dessert reichen.

Vanillekugeln

tiereiweißfrei

Tipp

Die Kugeln in gemahlenen oder gehackten Mandeln wälzen. Zur Weihnachtszeit mit ½ TL Weihnachtsgewürzen aromatisieren, zum Beispiel gemahlenem Zimt oder Lebkuchengewürz.

Zutaten (ergibt 30 Stück)

30 g Walnusskerne, sehr fein gehackt
30 g Haselnusskerne, sehr fein gehackt
50 g Weizen oder Dinkel, geflockt
50 g Hafer, geflockt
60 g weiche Butter
120 g Honig
½ TL Vanille, gemahlen

Zubereitung

Die fein gehackten Nüsse und das geflockte Getreide in einer Pfanne fettfrei leicht anrösten.

Die Pfanne von der Herdplatte nehmen. Butter, Honig und Vanille unterrühren.

Die Masse abkühlen lassen, bis sie lauwarm ist. Mit den Händen zu kleinen Kugeln formen.

Variationen

Vanille-Mokka-Kugeln
Unter die Hälfte der Masse ½ TL lösliches Kaffeepulver kneten.

Vanillefruchtkugeln
Unter die Hälfte der Masse drei getrocknete, fein gewürfelte Datteln oder Aprikosen mischen.

Brownies

Zutaten (ergibt 20 Stück)

80 g Butter
40 g Kakao
10 g Getreidekaffee oder
1 TL lösliches Kaffeepulver
60 g Honig
80 g Crème fraîche
50 g Walnusskerne oder
Pekannusskerne, grob gehackt
50 g Mandeln mit Haut,
fein gemahlen
80 g Honig
2 Eier

Zubereitung

Butter, Kakao, Getreidekaffee beziehungsweise lösliches Kaffeepulver, Honig und Crème fraîche in einen Topf geben und unter Rühren langsam schmelzen.

Die gehackten Nusskerne und die gemahlenen Mandeln unterrühren. Topf vom Herd nehmen und die Kakaocreme abkühlen lassen.

Den Backofen auf 180 Grad vorheizen. Eine Backform (maximal 20 x 25 Zentimeter) dünn mit Sonnenblumenöl oder Butter ausfetten.

Honig und Eier mit dem Handrührgerät mehrere Minuten schaumig rühren und vorsichtig unter die Kakaocreme heben. Die Masse in die Form füllen und 20 bis 25 Minuten auf der mittleren Schiene backen. Die Kuchenoberfläche darf noch leicht weich sein und auf Druck nachgeben.

Den Kuchen in der Form lauwarm abkühlen lassen, in beliebig große Stücke schneiden und servieren. Die Brownies sind auch kalt ein Genuss.

Stollenkonfekt mit Aprikosen und Marzipan

tiereiweißfrei

Zutaten

(ergibt ca. 50 Stück Konfekt)

250 g Aprikosen, getrocknet
125 ml Apfelsaft (ohne Zucker und Zusatzstoffe)
200 g Roggen, mittelfein gemahlen
200 g Butter
300 g Weizen, sehr fein gemahlen
1 Würfel Hefe, 1 TL Salz
abgeriebene Schale von 1 Zitrone
¼ TL Zimt, gemahlen
100 g Honig, 1 Ei
1 TL Zitronensaft
125 ml Sahne-Wasser-Gemisch (50 : 50)
125 g Walnüsse, grob gehackt
Streumehl zum Kneten und Ausrollen des Teigs
ca. 300 g Marzipan (siehe Rezept auf Seite 59)

Für die Glasur:
2 TL Butter
2 TL Honig
2 EL Kokosflocken oder gehackte Mandeln

Zubereitung

Aprikosen klein schneiden, mit Apfelsaft begießen und über Nacht quellen lassen. Roggenmehl mit 125 Gramm Butter verkneten und zum Quellen beiseitestellen. Weizenmehl mit Hefe, Salz, Zitronenschale und Zimt mischen. Honig, Ei, restliche Butter, Zitronensaft und das Sahne-Wasser-Gemisch zugeben. Alles zu einem glatten Teig kneten und zugedeckt circa 1 Stunde an einem warmen Ort gehen lassen. Inzwischen das Marzipan herstellen.

Den gegangenen Teig mit der Roggen-Butter-Mischung auf einer bemehlten Arbeitsfläche gründlich verkneten, bis ein elastischer Teig entstanden ist. Nach und nach gehackte Walnüsse und eingeweichte Aprikosen unter den Teig kneten. Den Teig in zwei Hälften teilen. Auf einer gut bemehlten Arbeitsfläche zwei Platten von je etwa 30 x 30 Zentimetern ausrollen.

Marzipan in zwei Hälften teilen. Aus einer Hälfte eine Platte von ungefähr 30 x 15 Zentimetern ausrollen und auf die untere Hälfte einer Teigplatte legen. Obere Hälfte der Teigplatte überklappen, sodass ein Rechteck von circa 30 x 15 Zentimeter entsteht. Die Ränder festdrücken. Mit der zweiten Hälfte genauso verfahren. Den Backofen auf 175 Grad vorheizen. Aus dem Teig mit einem scharfen Messer 2 Zentimeter breite Streifen schneiden und diese wiederum in 4 Zentimeter lange Stücke.

Das Stollenkonfekt auf ein mit Backpapier ausgelegtes Backblech geben und 25 bis 30 Minuten auf mittlerer Schiene backen. Kurz vor Ende der Backzeit je 2 Teelöffel Butter und Honig unter Rühren schmelzen, nach dem Backen das Konfekt damit bestreichen. Sofort mit Kokosflocken oder Mandeln bestreuen.

Apfeltaschen

tiereiweißfrei

Zutaten (ergibt 16 Stücke)

Für den Teig:
600 g Weizen, fein gemahlen
60 g frische Hefe
300 ml warmes Wasser
150 g kalte Butter
1 Prise Salz
1 EL Honig

Für die Füllung:
700 g säuerliche Äpfel
50 g Butter
50 g Honig
½ TL Zimt, gemahlen
80 g Mandeln, gehackt

Zubereitung

Mehl in eine Schüssel geben. In die Mitte eine Vertiefung drücken, die Hefe hineinbröckeln. Die Hefe mit einem Teil des Wassers anrühren, mit etwas Mehl bestäuben und zugedeckt 15 Minuten gehen lassen. Dann das restliche Wasser, die Butter in Flöckchen, Salz und Honig dazugeben und so lange kneten, bis ein geschmeidiger Teig entstanden ist. Den Teig 1 Stunde im Kühlschrank zugedeckt gehen lassen.

Die Äpfel waschen, vierteln, entkernen und fein würfeln. Butter und Honig erhitzen, Apfelwürfel zugeben und leicht braun braten, dabei ab und zu umrühren.

Den Zimt und die Mandeln zugeben, umrühren und zum Abkühlen in ein Sieb geben. Den Backofen auf 200 Grad vorheizen.

Nach der Teigruhe den Teig nochmals kurz und kräftig kneten, in etwa 16 Teile teilen und diese zu ovalen Platten ausrollen. Eine Hälfte mit der Apfelfüllung belegen (am Rand circa 1 Zentimeter frei lassen), die andere Hälfte überschlagen. Am Rand zusammendrücken.

Die Apfeltaschen auf ein gefettetes Backblech legen und 15 bis 20 Minuten auf der zweiten Schiene von unten backen.

Schoko-Nuss-Konfekt

tiereiweißfrei

Zutaten
(ergibt ca. 60 Stück)

125 g Butter
125 g Honig
125 g grobes Erdnussmus
½ TL Vanille, gemahlen
2 EL Kakao

Zubereitung

Butter mit Honig in eine Pfanne geben und unter ständigem Rühren karamellisieren lassen, bis die Masse mittelbraun ist.

Etwas abkühlen lassen und die restlichen Zutaten untermengen.

Backpapier auf ein Backblech legen und die Schokoladenmasse 3 bis 4 Millimeter dick darauf verstreichen.

Wenn die Schokolade etwas angetrocknet ist, mit einem scharfen Messer in 3 x 2 Zentimeter große Stücke schneiden und im Kühlschrank fest werden lassen. Das Schoko-Nuss-Konfekt kann dann in eine Dose geschichtet werden. Jede Schicht durch Butterbrotpapier von der nächsten trennen.

VARIATIONEN

Walnuss-Whisky-Karamellen
2–3 TL Whisky zur Masse geben und nochmals kurz aufkochen lassen.

Nusskaramellen
Anstelle reiner Walnüsse eine Nussmischung, zum Beispiel mit Pekannüssen, Paranüssen, Haselnüssen und Cashewkernen verwenden.

Walnusskaramellen

tiereiweißfrei

Zutaten (ergibt 25 Stücke)
100 g Butter
100 g Honig
150 g Walnusskerne, gehackt

Zubereitung
Butter und Honig in einer Pfanne aufkochen lassen, die gehackten Walnusskerne unterrühren und die Masse unter Rühren 3 bis 5 Minuten köcheln lassen, sodass sie karamellisiert.

Die Masse auf Backpapier geben (im Quadrat circa 15 x 15 Zentimeter), etwas zusammendrücken, noch lauwarm in Würfel schneiden und ganz auskühlen lassen.

Die Walnusskaramellen gekühlt aufbewahren.

Knuspergebäck

tiereiweißfrei

Zutaten (ergibt 80 Stücke)
100 g Honig
80 g Butter
3 EL Sahne
100 g Sesam
60 g Sonnenblumenkerne, grob gehackt
40 g Dinkel, fein gemahlen
Vanille, gemahlen, oder Zimt, gemahlen nach Geschmack

Zubereitung
Den Backofen auf 200 Grad vorheizen. Honig, Butter und Sahne aufkochen.

Sesam, Sonnenblumenkerne, Dinkelmehl und Vanille oder Zimt unterrühren. Den Teig gleichmäßig auf einem mit Backpapier ausgelegtem Blech verteilen. Das Knuspergebäck auf der zweiten Schiene von unten circa 8 Minuten goldbraun backen. Vorsicht: Das Gebäck kann leicht verbrennen.

Das Gebäck etwas auskühlen und fest werden lassen, anschließend in Stücke schneiden.

Lassinaschi

tiereiweißfrei

Zutaten (ergibt ca. 50 Kugeln)

180 g gemischte Trockenfrüchte, z. B. Pflaumen, Aprikosen, Datteln und Rosinen
80 ml Wasser
80 g Mandeln, gemahlen
40 g Haselnüsse, gemahlen
1 gehäufter EL Mandeln, gehackt
40 g Haferflocken (Fertigprodukt)
Zimt nach Geschmack

Zubereitung

Die Trockenfrüchte in grobe Stücke schneiden, mit dem Wasser übergießen und 4 bis 5 Stunden einweichen lassen. Das Einweichwasser abgießen, aber aufheben.

Die Früchte pürieren und mit den übrigen Zutaten gut vermengen. Eventuell etwas von dem Einweichwasser zugeben. Mit feuchten Händen Kugeln formen.

Eiskonfekt Schoko-Minze

tiereiweißfrei

Zutaten (ergibt ca. 25 Stück)

70 g Erdnuss- oder Nussmus
70 g Butter
40 g Honig
2 EL Kakao
10–15 Blätter frische grüne Minze (je nach Größe)

Zubereitung

Alle Zutaten bis auf die Minze einige Minuten mit dem Mixer cremig rühren. Die Minzeblätter sehr fein hacken und unter die Kakaocreme rühren. Nun die Creme in einen Spritzbeutel füllen und in kleine Papierförmchen spritzen. Die Förmchen in eine Gefrierbox setzen und einfrieren.

VARIATION

Eiskonfekt Schoko-Orange
Normalen Honig durch Orangeat-Honig (siehe Seite 14) ersetzen. Minzeblättchen weglassen.

Marzipan

tiereiweißfrei

Zutaten

200 g süße Mandeln mit Haut
10 Bittermandeln
½ EL Rosenwasser
80 g Akazienhonig

Zubereitung

Süße Mandeln und Bittermandeln in einer Küchenmaschine sehr fein mahlen. Rosenwasser und Honig zufügen und alles zu einer geschmeidigen Masse verkneten.

Haselnussnougat

tiereiweißfrei

Zutaten

200 g Haselnüsse, sehr fein gemahlen
3 EL Honig
1 EL Kakao
½ TL Vanille, gemahlen
1–2 EL starker Kaffee (oder ½ TL lösliches Kaffeepulver und 1–2 EL Wasser)

Zubereitung

Die gemahlenen Haselnüsse in einer Pfanne fettfrei leicht anrösten, bis sie duften. Anschließend ganz auskühlen lassen. Alle weiteren Zutaten zufügen und alles zu einer geschmeidigen Masse verkneten.

Zitronenbusserln

tiereiweißfrei

Tipp

Für Eilige: Die Mandeln mit Haut fein mahlen oder ausnahmsweise gemahlene Mandeln kaufen.

Zutaten (ergibt ca. 50 Kugeln)

150 g süße Mandeln
50 g Zitronat-Honig (siehe Seite 14)
30 g Mandeln, gehackt

Zubereitung

Mandeln in eine Schüssel geben und mit kochendem Wasser übergießen. Einige Minuten im Wasser ziehen lassen, damit sich die Häute lösen, und die Mandeln häuten. Abgekühlte Mandeln in einer Küchenmaschine fein mahlen und mit dem Zitronat-Honig und den gehackten Mandeln verkneten.

Die Masse mit feuchten Händen zu kleinen Kugeln formen und auf Butterbrotpapier 2 Tage trocknen lassen. Anschließend in Pralinenförmchen setzen.

Schokocrossies

tiereiweißfrei

Zutaten (ergibt 40–50 Stück)

100 g Butter
90 g Honig
2 EL Sahne
100 g Mandeln, gehackt
100 g Mandeln, gestiftelt
2 EL Kakao
1 Prise Zimt, gemahlen
1 Prise Kardamom, gemahlen
75 g Vollkorncornflakes, ungesüßt

Zubereitung

Butter, Honig und Sahne 1 Minute aufkochen. Von der Herdplatte nehmen und alle weiteren Zutaten gut unterrühren.

Die Masse mit 2 Teelöffeln auf ein mit Backpapier ausgelegtes Backblech setzen. Im Kühlschrank fest werden lassen.

Die Schokocrossies sind im Kühlschrank circa 14 Tage haltbar.

Dreierlei Kartoffeltrüffel

tiereiweißfrei

Tipp

Es eignen sich auch andere Alkoholsorten wie zum Beispiel Kognak oder Kirschwasser.

Zutaten (ergibt ca. 40 Stück)

250 g Kartoffeln
2 EL Buchweizen, mittelgrob geschrotet
4 EL Honig
40 g weiche Butter
2 gehäufte EL Mandeln, gemahlen
½ TL Vanille, gemahlen oder Zimt, gemahlen

je 1 EL Whisky, Rum und Obstler

Kakao, gehackte oder gemahlene Mandeln oder Nüsse, gehackte Pistazien, Kokosraspeln o. Ä.

Zubereitung

Die Kartoffeln garen, pellen, mit einer Gabel zerdrücken und erkalten lassen. Den Buchweizenschrot in einer trockenen Pfanne leicht rösten Buchweizenschrot, Honig, Butter, Mandeln und Vanille beziehungsweise Zimt zu den Kartoffeln geben und alles gut verkneten.

Den Teig dritteln und jedes Drittel mit einer anderen Alkoholsorte vermengen. Zu Kugeln formen und jede Sorte in einer anderen Zutat wälzen. Die Trüffel kühl servieren. Im Kühlschrank sind die Trüffel circa 14 Tage haltbar.

Kokoshappen

tiereiweißfrei

Zutaten (ergibt ca. 25 Stück)

100 g Kokosraspeln, fein
100 g kalt gepresstes (natives) Kokosfett
50 g Akazienhonig

Für den Guss:
100 g weiche Butter
40 g Akazienhonig
3 EL Kakao

Zubereitung

Die Kokosraspeln mit dem Kokosfett und dem Honig gut vermengen. Die Masse etwa 1 Zentimeter dick auf ein Backpapier streichen. Das Backpapier auf ein Schneidebrett legen und circa 1 Stunde in den Kühlschrank stellen, bis die Masse fest ist.

Die Kokosmasse mit einem sehr scharfen Messer vorsichtig in kleine Würfel oder Riegel schneiden. Für den Guss die Butter bei geringer Hitze leicht schmelzen, dann vom Herd nehmen. Honig und Kakao unterrühren.

Den Guss in eine Kaffeetasse gießen und etwas abkühlen (eindicken) lassen. Die Kokoshappen mit einer Kuchengabel in den Guss tauchen, etwas abtropfen lassen und auf ein Pralinengitter oder Butterbrotpapier setzen.

Wenn die Happen getrocknet sind, gegebenenfalls ein zweites Mal mit Guss bestreichen. Dazu Reste vom Guss kurz im Wasserbad erwärmen. Die fertigen Happen im Kühlschrank aufbewahren und innerhalb von 10 bis 14 Tagen verzehren.

Desserts und Eiscremes

Mascarpone-Vanille-Pie mit frischen Pfirsichen

Zutaten

(für 1 Pie- oder Springform mit 28–30 cm Durchmesser)

Für den Teig:
200 g Weizen, sehr fein gemahlen
100 g weiche Butter, 50 g Honig
1 TL Kakao oder lösliches Kaffeepulver
50 g Wasser
1 Prise Salz

Für die Mascarponecreme und den Belag:
70 g Naturreis, sehr fein gemahlen
250 ml Wasser
1 Prise Salz
1–2 EL Honig
250 g Mascarpone
¼ l Sahne
½ TL Vanille, gemahlen
2–3 reife Pfirsiche oder Nektarinen
Pfefferminz- oder Zitronenmelisseblättchen zum Garnieren

Zubereitung

Für den Teig das Weizenmehl mit Butter, Honig, Kakao oder Kaffeepulver, Wasser und Salz zu einem geschmeidigen Teig kneten und in den Kühlschrank stellen.

Für die Mascarponecreme den Naturreis mit circa der Hälfte des Wassers anrühren. Das restliche Wasser mit Salz, Honig und Mascarpone zum Kochen bringen, den angerührten Reis unter Rühren hineingeben und die Masse ungefähr 1 Minute köcheln lassen. Die Creme in eine Schüssel füllen und kalt stellen. Ab und zu umrühren, damit sich keine Haut bildet.

Den Backofen auf 200 Grad vorheizen. Den Teig aus dem Kühlschrank nehmen und in eine gefettete Pie- oder Springform geben, dabei circa 2 Zentimeter Rand hochziehen. Den Teig mehrmals mit einer Gabel einstechen. Auf der mittleren Schiene 15 bis 16 Minuten backen und auskühlen lassen.

Die Sahne mit Vanille steif schlagen und vorsichtig unter die ausgekühlte, gut durchgerührte Mascarponecreme heben. Die Creme auf den Teigboden geben, die Form abdecken und bis zum Servieren in den Kühlschrank stellen. Vor dem Servieren die Pfirsiche oder Nektarinen vorsichtig waschen. Das Fruchtfleisch in feine Spalten schneiden oder würfeln und auf der Creme verteilen.

Pie mit essbaren Blüten oder Blättern, zum Beispiel von Gänseblümchen, Ringelblume, Pfefferminze oder Zitronenmelisse, dekorieren.

Tipp

Diese Pie schmeckt auch mit frischen oder tiefgekühlten Himbeeren oder Brombeeren ganz ausgezeichnet.

Vanilleeis mit Zimtpflaumen

tiereiweißfrei

Zutaten (ergibt 4 Portionen)
Für das Eis:
500 g Sahne
50 g Cashewkerne,
sehr fein gemahlen
1 EL Mandelöl
2 EL Honig
1 TL Vanille, gemahlen
evtl. 1 TL Vanille-Rum

Für die Zimtpflaumen:
400 g Pflaumen, frisch oder TK
30 g Honig
100 ml Wasser
1 gestrichener TL Zimt
2 TL Reis, fein gemahlen
50 ml Wasser

Zubereitung

Die Sahne sehr steif schlagen und mit den übrigen Zutaten vermengen. In eine kleine Springform (Durchmesser 24 Zentimeter) oder ein rechteckiges Gefäß geben und tiefkühlen.

Die Pflaumen mit Honig, 100 Millilitern Wasser und Zimt zum Kochen bringen und circa 7 Minuten köcheln lassen.

Den gemahlenen Reis mit 50 Millilitern Wasser verrühren und nach den 7 Minuten unter die Pflaumen rühren. Einmal aufkochen lassen.

Das Eis circa 30 Minuten vor dem Servieren bei Zimmertemperatur antauen lassen. Die Pflaumen warm dazureichen.

Bananen-Schoko-Eis

tiereiweißfrei

Zutaten (ergibt 4 Portionen)
500 g Sahne, 70 g Honig
3 gehäufte EL Kakao
180 g grobes Erdnussmus
¼ TL Zimt, gemahlen
2 reife Bananen
evtl. Bananenscheiben
und geschlagene Sahne
zum Garnieren

Zubereitung

Die Sahne steif schlagen. Honig, Kakao, Erdnussmus und Zimt gut verrühren. Die geschlagene Sahne esslöffelweise vorsichtig untermengen. Die Bananen pürieren und unterheben. Die Masse in eine Springform oder eine flache Auflaufform geben und tiefkühlen. Das Eis circa 30 Minuten vor dem Verzehr antauen lassen. Vor dem Servieren eventuell mit Bananenscheiben und Sahne garnieren.

Schokotraum mit Vanillesoße

tiereiweißfrei

Zutaten (ergibt 4 Portionen)

Für den Schokotraum:
150 g Sahne
60 g Honig
70 g grobes Erdnussmus
1–2 gehäufte EL Kakao
150 g Crème fraîche

Für die Vanillesoße:
150 g Sauerrahm
150 g Sahne
2 EL Honig
¼ TL Vanille, gemahlen

Zubereitung

Für den Schokotraum die Sahne steif schlagen. Honig, Nussmus und Kakao gut verrühren. Crème fraîche untermengen und die Sahne unterziehen. Für die Vanillesoße alle Zutaten verrühren.

Den Schokotraum mit einem Esslöffel auf Desserttellern anrichten und mit Vanillesoße angießen. Eventuell mit zerkleinerten Walnusskaramellen (Seite 57) garnieren.

Tipp

Wer tierisches Eiweiß verträgt, kann Crème fraîche durch Sahnequark ersetzen.

Bananencreme

tiereiweißfrei

Zutaten (ergibt 6 Portionen)

500 g Crème fraîche
3 reife Bananen
1 EL Zitronensaft
evtl. 1 EL Honig
¼ TL Vanille, gemahlen

Zubereitung

Alle Zutaten in den Mixaufsatz der Küchenmaschine geben und schaumig aufschlagen oder mit einem Pürierstab pürieren.

Pfläumlicreme

tiereiweißfrei

Tipp: Der Sud von den Backpflaumen ist auch ein köstlicher Tee.

Zutaten (ergibt 4 Portionen)

5 Pfefferkörner
1 Stück Sternanis
3 Nelken
6 g frischer Ingwer, in feine Streifen geschnitten
¼ TL Kardamom, gemahlen
½ TL Zimt, gemahlen
500 ml Wasser
250 g Backpflaumen
30 g Mandeln, gestiftelt
200 g Crème fraîche
200 g Sahne

Zubereitung

Pfefferkörner, Sternanis und Nelken in einem Mörser zerkleinern. Mit dem Ingwer, Kardamom, Zimt und Wasser in einen Kochtopf geben.

Die Mischung aufkochen und 15 Minuten ziehen lassen. Den fertigen Sud durch ein Sieb geben und über die Backpflaumen gießen. Circa 5 Stunden stehen lassen.

Die Mandeln in einer trockenen Pfanne leicht anrösten.Nach der Quellzeit die restliche Flüssigkeit von den Pflaumen abgießen und die Pflaumen pürieren.

Crème fraîche unterrühren. Die Sahne steif schlagen und unter die Crème ziehen. Mit den Mandeln bestreuen.

Vanille-Sahne-Reis

tiereiweißfrei

Zutaten (ergibt 4 Portionen)

ca. 450 ml Wasser (je nach Reissorte)
450 g Sahne
50 g Honig
60 g Butter
200 g Rundkorn- oder Risotto-Naturreis
1 Vanilleschote

Zubereitung

Wasser, Sahne und Honig erhitzen. Währenddessen die Butter in einem Topf zerlassen. Den Reis circa 3 Minuten bei geringer Hitze unter Rühren in der Butter glasig andünsten. Die Flüssigkeit zum Reis geben. Die Vanilleschote aufschlitzen, auskratzen, Mark und Schote hinzufügen.

Den Vanille-Sahne-Reis auf niedrigster Stufe köcheln lassen, bis die Flüssigkeit ganz aufgesogen und der Reis gar ist. Dabei immer wieder umrühren. Vor dem Servieren die Vanilleschote entfernen.

Marinierte Erdbeeren mit Rosmarincreme

Zutaten

(für 1 Pie- oder Springform mit 28–30 cm Durchmesser)

300 g Erdbeeren
50 g Honig
abgeriebene Schale von 1 Limette
1 gehäufter TL frische Rosmarinnadeln, fein gehackt

2 Rosmarinzweige
6 EL Wasser
20 g Honig

300 g Mascarpone
4 EL Sahne
4 EL Rosmarinsud
1–2 EL Honig
½ TL Vanille, gemahlen
1 Minze- oder Zitronenmelissezweig zum Garnieren

Zubereitung

Die Erdbeeren halbieren oder vierteln und vorsichtig mit dem Honig, der Limettenschale und den Rosmarinnadeln mischen. Bis zum Servieren kühl stellen.

Die Rosmarinzweige mit Wasser und Honig 3 bis 4 Minuten im geschlossenen Topf leicht köcheln, sodass das Rosmarinaroma in das Wasser übergeht.

Die Mascarpone mit der Sahne und 4 Esslöffeln von dem Rosmarinsud glatt rühren. Honig und Vanille unterrühren. Die Creme in den Kühlschrank geben. Wenn sie kühl gestellt wird, dickt die flüssig gewordene Creme wieder ein.

Creme und Erdbeeren auf Desserttellern anrichten oder in Gläser schichten. Mit Minze- beziehungsweise Zitronenmelisseblättern dekorieren.

Tipp

Aufgefüllt mit eiskaltem Mineralwasser und einem Spritzer Zitronensaft ergibt der Rosmarinsud eine erfrischende Limonade.

Dinkelschmarren mit heißen Kirschen

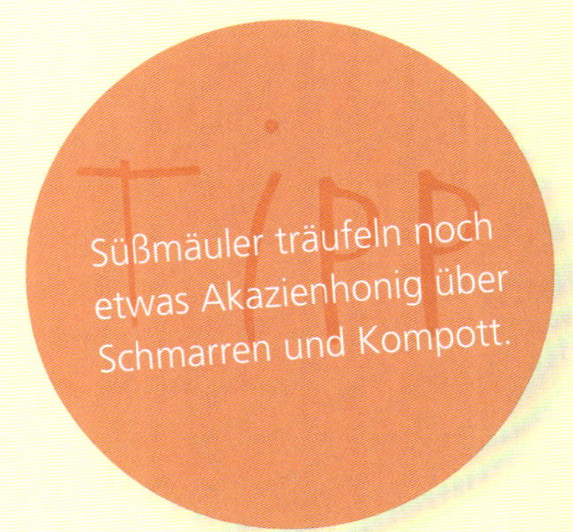

Zutaten (ergibt 4 Portionen)

Für das Kirschkompott:
500 g Kirschen, frisch oder TK
1 Zitrone
¼ l Kirschsaft oder roter Traubensaft (ohne Zucker und andere Zusätze)
2 EL Honig
2 EL Naturreis, sehr fein gemahlen
4–5 EL Wasser

Für den Dinkelschmarren:
3 Eier
100 g Dinkel, sehr fein gemahlen
50 g Buchweizen, sehr fein gemahlen
20 g Honig
½ TL Vanille, gemahlen
2 Prisen Salz
100 g Sahne
100 ml Wasser
40 g Butter für den Teig
50 g Butter für die Pfanne

Zubereitung

Für das Kompott die frischen Kirschen waschen und entsteinen, Tiefkühlkirschen auftauen lassen. Die Zitrone heiß abspülen, abtrocknen und mit einem Kartoffelschälmesser zwei Längsstreifen davon abschälen. Die übrige Zitrone abreiben und den Abrieb beiseitestellen.

Die Kirschen mit den Streifen der Zitronenschale, dem Saft und dem Honig zum Kochen bringen. Den Reis mit 4 bis 5 Esslöffeln Wasser anrühren und in die kochende Flüssigkeit einrühren. 2 Minuten köcheln lassen und vom Herd nehmen. Ist das Kompott zu fest, etwas Fruchtsaft hinzugießen.

Für den Schmarren die Eier trennen. Eiweiß zu steifem Schnee schlagen und kühl stellen. Dinkel und Buchweizen sehr fein mahlen und mit den Eigelben, Honig, Vanille, der geriebenen Zitronenschale, Salz, Sahne und Wasser verrühren. Den Teig circa 15 Minuten quellen lassen. Anschließend die Butter für den Teig leicht schmelzen und unter den Teig rühren. Den Eischnee vorsichtig unterheben.

Eine große beschichtete Pfanne heiß werden lassen, die Butter für die Pfanne darin schmelzen, den Teig hineingießen und zugedeckt bei geringer Hitze 5 bis 8 Minuten stocken lassen. Den Pfannkuchen mit zwei Pfannenwendern in Stücke zerpflücken, in weiteren 2 bis 3 Minuten fertig backen und auf vorgewärmten Tellern servieren. Das Kirschkompott in Dessertschälchen dazureichen.

Dänische Apfelspeise

tiereiweißfrei

Tipp

Ausnahmsweise werden für dieses Rezept die Äpfel geschält. Meist werden in der Vollwertküche Äpfel, Birnen, Pfirsiche und ähnliches Obst ungeschält verwendet, weil sich in der Schale die meisten Vitalstoffe befinden.

Zutaten (ergibt 20 Stück)

Für die Knusperflocken:
100 g Honig
60 ml heißes Wasser
½ TL Zimt, gemahlen
150 g Haferflocken
75 g Weizen-, Dinkel- oder Roggenflocken
80 g Nüsse oder Mandeln, ganz oder grob gehackt
2 EL Sesam
2 EL Sonnenblumenkerne

40 g Rosinen

Für den Apfelkompott:
6 Äpfel (z. B. Boskop)
½ Tasse Wasser
evtl. 1 EL Honig

500 g geschlagene Sahne

Zubereitung

Den Backofen auf 140 Grad vorheizen.

Für die Knusperflocken den Honig mit Wasser und Zimt verrühren. Bis auf die Rosinen alle Zutaten gut untermengen. Ein Backblech mit Backpapier auslegen und die Masse darauf verteilen.

Die Knusperflocken auf der mittleren Schiene circa 1 Stunde trocknen lassen. Zwischendurch 3- bis 4-mal umrühren. Sie sind fertig, wenn sie hellbraun sind. Aus dem Ofen nehmen und die Rosinen untermengen. Erkalten lassen.

Für den Apfelkompott die Äpfel schälen und das Kerngehäuse entfernen. Mit dem Wasser in einen Topf geben, aufkochen und circa 5 Minuten köcheln lassen. Nun einmal gut durchrühren und eventuell mit Honig süßen. Erkalten lassen.

Apfelkompott mit Sahne und Knusperflocken in eine Schüssel schichten. Die letzte Schicht sollte aus Knusperflocken bestehen.

Dampfnudeln mit Fruchtpüree

tiereiweißfrei

Zutaten

(ergibt 4 Portionen als süße Hauptspeise)

Für die Dampfnudeln:
500 g Weizen, fein gemahlen
30 g Hefe
200 m lauwarmes Wasser
100 g Sahne
70 g weiche Butter
1 EL Honig
1 Prise Salz

150 ml Wasser
1 EL Honig
30 g Butter
½ TL Zimt, gemahlen

Für das Fruchtpüree:
300 g Himbeeren oder andere Früchte, frisch oder TK
2–3 EL Honig

Zubereitung

Für die Dampfnudeln das Mehl in eine Schüssel geben, eine Vertiefung hineindrücken und die Hefe hineinbröckeln. Die Hefe mit dem lauwarmen Wasser gut verrühren, mit Mehl bestäuben und zugedeckt 15 Minuten gehen lassen.

Sahne, Butter, Honig und Salz zugeben und zu einem glatten Teig kneten. Den Teig nochmals zugedeckt 30 Minuten ruhen lassen.

Nach der Ruhezeit aus dem Teig 10 bis 12 gleich große Kugeln formen und diese nochmals 5 Minuten gehen lassen.

Währenddessen die 150 Milliliter Wasser mit Honig, Butter und Zimt in einer Pfanne mit Deckel aufkochen. Die aufgegangenen Kugeln nebeneinander in die Pfanne legen, den Deckel auflegen und bei niedriger Hitze 20 bis 25 Minuten garen. Den Deckel während dieser Zeit nicht öffnen.

Für das Fruchtpüree die frischen oder aufgetauten Früchte mit dem Honig pürieren.

Tipps

Für ein Südseefeeling nehmen Sie Mango, Ananas und Papaya zur Ingwercreme.

Zum Knuspern streuen Sie fettfrei geröstete Kokosraspeln und Mandelsplitter oder Knusperflocken von Seite 76 über das Dessert.

Bunte Früchteplatte mit Ingwercreme

tiereiweißfrei

Zutaten (ergibt 4 Portionen)

1 Orange
½ Zitrone
1 rosa Grapefruit
100 g Schmand
20 g Akazienhonig
25 g Ingwerwurzel, geschält
100 g Sahne
1 großer säuerlicher Apfel
1 Banane
1 Pfirsich oder Nektarine

Zubereitung

Von der Orange und der halben Zitrone die Schale abreiben und beiseitestellen. Die Zitronenhälfte auspressen und den Saft in eine Schüssel geben. Die Orange und die Grapefruit filetieren, den Saft auch in der Schüssel auffangen.

Den Schmand in eine Schüssel geben und mit Honig und der abgeriebenen Orangen- und Zitronenschale verrühren. Den Ingwer dünn schälen, fein reiben und unter die Schmandcreme rühren.

Die Sahne steif schlagen und vorsichtig unterheben. Bis zur gewünschten Konsistenz esslöffelweise von dem Fruchtsaft dazugeben.

Den Apfel vierteln, in feine Spalten schneiden, die Banane schräg in ½ Zentimeter dicke Scheiben schneiden und beides in den Saft geben, damit das Obst nicht braun wird.

Pfirsich oder Nektarine in feine Spalten schneiden. Orangen- und Grapefruitfilets, Apfelspalten, Bananenscheiben und Pfirsich- oder Nektarinenspalten auf einer Platte anrichten. Die Ingwercreme zur Früchteplatte reichen.

Eistorte à la Fürst Pückler

tiereiweißfrei

Zutaten
(ergibt 12 Stücke)

Für die erste Schicht:
400 g Sahne
130 g Haselnussmus oder gemischtes Nussmus
75 g Honig, 3 EL Kakao
1 Prise Zimt, gemahlen

Für die zweite Schicht:
400 g Sahne
50 g Cashewkerne, sehr fein gemahlen
1 EL Mandelöl, 2 EL Honig
1 TL Vanille, gemahlen
evtl. 1 TL Vanille-Rum

Für die dritte Schicht:
300 g Erdbeeren, frisch oder TK
50 g Honig
250 g Sahne

Zum Garnieren:
150 g Sahne
einige Erdbeeren

Zubereitung

Für die erste Schicht die Sahne steif schlagen. Nussmus mit Honig, Kakao und Zimt gut verrühren. Nach und nach die geschlagene Sahne mit den Schneebesen des Handrührgeräts auf Stufe 1 unterrühren. Die Schokoladenmasse in eine Springform geben und circa 2 Stunden tiefkühlen.

Für die zweite Schicht die Sahne steif schlagen. Gemahlene Cashewkerne, Mandelöl, Honig, Vanille und eventuell Vanille-Rum unter die Sahne mengen, auf die Schokoladenschicht geben und die Torte nochmals circa 2 Stunden tiefkühlen.

Für die dritte Schicht die Erdbeeren mit dem Honig pürieren (gefrorene Früchte vorher etwas antauen lassen). Sahne schlagen und die Erdbeeren unter die Sahne ziehen.

Die Erdbeermasse auf der Vanilleschicht verteilen und die fertige Torte für mindestens 5 Stunden tiefkühlen.

Die Torte circa 1 Stunde vor dem Servieren bei Zimmertemperatur antauen lassen und mit geschlagener Sahne und Erdbeeren verzieren.

VARIATION
Statt mit Erdbeeren schmeckt die Eistorte auch mit Himbeeren köstlich.

Süße Brote und Aufstriche

Striezel

Tipp

Die Striezelscheiben schmecken sehr gut mit Butter oder auch mit dem Aprikosenaufstrich von Seite 94.

tiereiweißfrei

Zutaten

750 g Weizen, fein gemahlen
1 Würfel Hefe
150 ml lauwarmes Wasser
150 g Sahne
80 g Honig
100 g Crème fraîche
150 g weiche Butter
100 g Rosinen
abgeriebene Schale
einer ½ Zitrone
½ TL Vanille, gemahlen
1 EL Rum

flüssige Butter zum Bestreichen

Zubereitung

Das Mehl in eine Schüssel geben, eine Vertiefung hineindrücken und die Hefe hineinbröckeln. Die Hefe mit dem lauwarmen Wasser gut verrühren, mit Mehl bestäuben und zugedeckt 15 Minuten gehen lassen.

Die restlichen Zutaten zugeben und in circa 10 Minuten zu einem glatten Teig kneten. Den Teig zugedeckt 30 Minuten ruhen lassen.

Den Ofen auf 200 Grad vorheizen.

Den Teig nochmals durchkneten und vierteln. Drei Teile zu jeweils circa 50 Zentimeter langen Rollen formen und daraus einen Zopf flechten. Den vierten Teil nochmals in zwei gleiche Teile teilen und zwei Stränge von circa 50 Zentimetern rollen. Diese miteinander verschlingen, auf den Zopf legen und andrücken.

Den Striezel mit flüssiger Butter bestreichen und 15 Minuten gehen lassen. Den Striezel auf der zweiten Schiene von unten circa 25 Minuten backen. Auf einem Rost auskühlen lassen.

Boxdorfer Apfelbrot

tiereiweißfrei

Zutaten (ergibt 10–12 Scheiben)

250 g getrocknete Aprikosen
oder Sultaninen
250 g getrocknete Datteln
oder Korinthen
750 g Äpfel
500 g Weizen oder Dinkel,
fein gemahlen
2 EL Rum
150 g ganze Haselnüsse oder
Mandeln (oder gemischt)
2 TL Kakao
3 gehäufte TL Lebkuchengewürz
¼ TL Zimt, gemahlen
¼ TL Nelken, gemahlen
1 Pck. Backpulver
Butter für die Kastenform

Zubereitung

Aprikosen und Datteln fein würfeln. Die Äpfel mit der Schale grob raspeln. Alle Zutaten mischen und die Masse gut durchkneten.

Den Teig 2 bis 3 Stunden abgedeckt durchziehen lassen. Den Backofen auf 200 Grad vorheizen.

Den Teig in eine große gefettete Kastenform füllen. Das Apfelbrot 60 bis 65 Minuten auf der zweiten Schiene von unten backen.

Nach dem Backen aus der Form nehmen und auf einem Kuchengitter auskühlen lassen.

Tipp

Wie bei jedem Brot kann man auch hier prüfen, ob das Brot gar ist, indem man auf die Unterseite klopft. Ein gares Brot klingt hohl.

Müslibrötchen

Tipp

Damit die Brötchen schön luftig werden, wird der fertige Hefeteig nicht mehr durchgeknetet, sondern die Teigportionen werden nur noch vorsichtig ohne Druck in Form gebracht.

tiereiweißfrei

Zutaten

(ergibt 16 Stück)

10 g Hefe
250 ml lauwarmes Wasser
250 g Weizen, fein gemahlen

30 g Rosinen
50 ml Wasser

250 g Weizen, fein gemahlen
1 kl. Apfel, fein gewürfelt
50 g ganze Haselnusskerne
½ TL Zimt, gemahlen
je 1 EL Sonnenblumenkerne, Sesam, Kürbiskerne und Leinsaat
1 gestrichener TL Salz
1 EL Honig
2 EL Sonnenblumenöl

Zubereitung

Die Hefe in dem lauwarmen Wasser auflösen. Das Weizenmehl gut untermengen und diesen Vorteig zugedeckt circa 8 Stunden in den Kühlschrank stellen.

Die Rosinen in den 50 Millilitern Wasser etwa 8 Stunden einweichen.

Nach der Teigruhezeit die eingeweichten Rosinen und die restlichen Zutaten zum Vorteig geben. Den Teig 10 Minuten kneten. Zugedeckt bei Zimmertemperatur 30 Minuten gehen lassen.

Den Backofen auf 220 Grad vorheizen.

Auf den Boden eine feuerfeste Schale mit 200 Millilitern Wasser geben, damit durch den Dampf die Brötchen schön knusprig werden.

Mit einer Teigkarte oder einem Esslöffel Stücke vom Teig abstechen, vorsichtig zu Brötchen formen und auf ein gefettetes Backblech legen. Die Brötchen mit Wasser besprühen und mit einer Küchenschere oben einschneiden. Nochmals 10 Minuten gehen lassen.

Die Brötchen auf der zweiten Schiene von unten 20 bis 25 Minuten backen.

Goldene Knusperstückchen

tiereiweißfrei

Zutaten (ergibt 15 Brötchen)

100 g Dinkel, sehr fein gemahlen
100 g Kamut, sehr fein gemahlen
400 g Hartweizen, sehr fein gemahlen
450 ml lauwarmes Wasser
1 Würfel Hefe
2 TL Salz

zum Verzieren:
Sonnenblumenkerne, Sesam, Leinsaat, Mohn …

Zubereitung

Dinkel-, Kamut- und Hartweizenmehl in eine Schüssel geben. Die Hefe in das Wasser bröckeln und unter Rühren auflösen. Das Hefe-Wasser-Gemisch nach und nach mit einem Kochlöffel unter das Mehl rühren und das Salz zugeben.

Den Teig mit den Händen fünf Minuten zu einem geschmeidigen, elastischen Teig kneten. Kein weiteres Mehl zugeben, auch wenn der Teig etwas klebt. Während des Knetens nimmt der Teig durch das Quellen noch an Festigkeit zu. Den Teig in der Schüssel zuerst mit Klarsichtfolie und dann mit einem Geschirrhandtuch abdecken und 30 Minuten an einem warmen Ort ruhen lassen.

Mit einer Teigkarte 15 Portionen vom Teig abstechen und vorsichtig ohne viel Druck zu Brötchen formen. Die Brötchen auf zwei gefettete Backbleche verteilen. Mit einem Geschirrtuch abdecken und 10 Minuten ruhen lassen.

Auf den kalten Backofenboden eine feuerfeste Schale mit 200 Millilitern Wasser geben und den Ofen auf 250 Grad vorheizen. Die Teiglinge mit Wasser besprühen, mit Saaten nach Geschmack bestreuen und kreuzweise einritzen.

Ein Blech zügig auf der zweiten Schiene von oben in den Ofen schieben, die Tür schnell wieder schließen. Die Brötchen 18 bis 20 Minuten backen. Anschließend das zweite Blech hineinschieben. Die Brötchen auf einem Gitterrost auskühlen lassen.

Tipp

Übrig gebliebene Brötchen am nächsten Tag kurz unter fließendes Wasser halten und bei 160 Grad (Umluft) einige Minuten knusprig aufbacken.

Tipp
Probieren Sie zu diesem
Brot einmal Käse. Wir
bevorzugen würzigen
Schimmelkäse.

Weihnachtsbrot

tiereiweißfrei

Zutaten

½ Würfel Hefe
600 ml lauwarmes Wasser
200 g Weizen, fein gemahlen
100 g Dinkel, fein gemahlen
250 g Weizen, mittelgrob gemahlen
100 g Roggen, mittelgrob gemahlen
1 ½ TL Salz
4 EL Hirse
je 2 EL Sesam, Leinsamen, Sonnenblumenkerne und Kürbiskerne
100 g Rosinen

150 g Trockenpflaumen

Zubereitung

Die Hefe in dem Wasser auflösen. Bis auf die Pflaumen alle anderen Zutaten zugeben und den Teig mindestens 5 Minuten kneten.

Den Teig in eine gefettete Kastenform geben, die Pflaumen in das Brot drücken und die entstandenen Löcher wieder verschließen. Zugedeckt etwa 30 Minuten gehen lassen.

Den Backofen auf 200 Grad vorheizen.

Das gegangene Brot circa 45 Minuten auf der zweiten Schiene von unten backen.

Vanille-Mandel-Aufstrich

tiereiweißfrei

Zutaten

125 g Butter
2 EL Honig
4 EL weißes Mandelmus
1 TL Vanille, gemahlen

Zubereitung

Die Butter mehrere Minuten schaumig schlagen und alle anderen Zutaten unterrühren.

Tipp

Alle Butteraufstriche entfalten ihr volles Aroma am besten, wenn man sie einige Zeit vor dem Verzehr aus dem Kühlschrank nimmt.

Kalt gerührter Himbeeraufstrich

tiereiweißfrei

Zutaten

300 g Himbeeren, frisch oder TK
150 g Akazienhonig
2 TL Johannisbrotkernmehl

Zubereitung

Frische Früchte waschen, tiefgekühlte auftauen lassen.

Die Himbeeren mit Honig und Johannisbrotkernmehl in einen hohen schlanken Mixbecher geben und gründlich mit einem Pürierstab pürieren. In sauber ausgekochte Schraubgläser füllen.

Der Fruchtaufstrich hält sich gut gekühlt mehrere Tage.

Kalifenbutter

tiereiweißfrei

Zutaten

150 g Butter
8 Datteln oder Aprikosen, getrocknet
4 Feigen, getrocknet
25 g Pinienkerne oder Cashewkerne
¼ TL Koriander, gemahlen
¼ TL Kardamom, gemahlen

Zubereitung

Die Butter mit dem Mixer mehrere Minuten schaumig schlagen, bis sie weiß ist. Die Trockenfrüchte sehr fein würfeln oder in einer Küchenmaschine fein zerkleinern bzw. pürieren. Pinien- oder Cashewkerne zur Hälfte mahlen, zur Hälfte fein hacken und alle Zutaten unter die Butter rühren.

Tipps

Da der Fruchtaufstrich außer Honig keine Konservierungsstoffe enthält, immer mit einem sauberen Löffel entnehmen.

Probieren Sie den Fruchtaufstrich auch aus frischen Erdbeeren, Aprikosen, Kirschen oder Brombeeren.

Aprikosenaufstrich

tiereiweißfrei

Zutaten

125 g getrocknete Aprikosen
(möglichst Wildaprikosen)
125 ml Apfelsaft oder Rotwein
oder ein Gemisch aus beidem
125 g Butter
Zimt, gemahlen, oder
Vanille, gemahlen

Zubereitung

Die Aprikosen in dem Apfelsaft beziehungsweise Rotwein mindestens 4 Stunden einweichen. Die Einweichflüssigkeit abgießen und die Früchte pürieren. Die Butter gut schaumig schlagen. Zimt oder Vanille und löffelweise das Fruchtpüree zugeben und gut durchrühren.

Falls sich Butter und Püree nicht gut miteinander verbinden, das Gefäß in ein warmes Wasserbad stellen, nach circa 2 Minuten herausnehmen und nochmals gut durchrühren. Dies eventuell einige Male wiederholen.

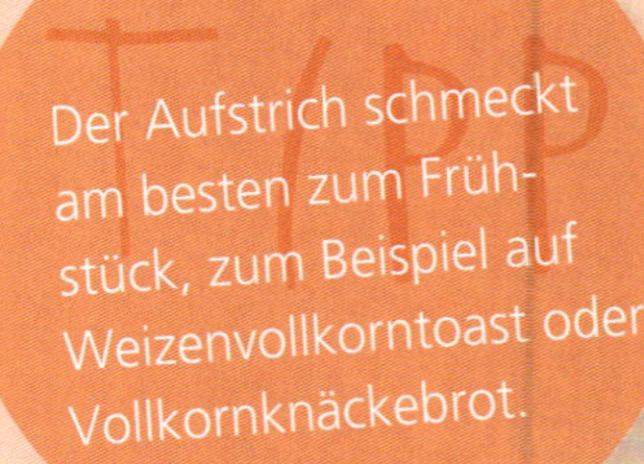

Mo(h)nis Liebling

Zutaten

60 g Mohn
80 g Butter
40 g Zitronat-Honig
(siehe Seite 14)

Zubereitung

Den Mohn in einer Pfanne fettfrei anrösten, bis er duftet. Mohn abkühlen lassen und in einer kleinen Küchenmaschine oder elektrischen Kaffeemühle fein mahlen.

Die Butter einige Minuten schaumig schlagen. Mohn und Zitronat-Honig unterrühren. Den Aufstrich in ein Schraubglas füllen und im Kühlschrank aufbewahren.

Guten-Morgen-Müslicreme

Tipp

Am besten frisch genießen. Gut gekühlt ist die Creme 1 bis 2 Tage haltbar.

Zutaten

30 g Rosinen
30 g Haselnüsse
30 g Mandeln
30 g Walnusskerne
3 EL feine Haferflocken, trocken geröstet
3 EL Sonnenblumenkerne
2 EL Orangensaft, frisch gepresst
2 EL Zitronensaft, frisch gepresst
2 EL Akazienhonig
1–2 EL Crème fraîche oder Schmand
1 Apfel, in kleine Würfel geschnitten
100 g frische Beeren

Zubereitung

Bis auf die Beeren alle Zutaten in einen hohen Mixbecher geben und mit dem Pürierstab fein pürieren.

Die Müslicreme in kleine Schälchen füllen und mit den frischen Beeren garnieren.

Feine Maronen-Mandel-Creme

Variation

Für kleine Pralinen lassen Sie die Crème fraîche weg, formen aus der Masse kleine Kugeln und wälzen diese in Kakaopulver.

Zutaten

100 g geschälte gegarte Maronen
100 g weißes Mandelmus
½ TL Vanille, gemahlen
30 g Honig
40 g Crème fraîche

Zubereitung

Alle Zutaten in einen schlanken, hohen Mixbecher geben und mit einem Pürierstab fein pürieren.

Alphabetisches Rezeptverzeichnis